Mapas do corpo

CIP – Brasil. Catalogação na fonte
Sindicato Nacional dos Editores de Livros, RJ

T753m

Trindade, André
Mapas do corpo : educação postural de crianças e adolescentes / André Trindade. – São Paulo: Summus, 2016.
256 p. : il.

Inclui bibliografia.
ISBN 978-85-323-1054-5

1. Postura humana. 2. Distúrbios da postura – Exercícios terapêuticos. I. Título.

16-36190 CDD: 613.78
CDU: 613.78

www.summus.com.br

André Trindade

Mapas do corpo

Educação postural de crianças e adolescentes

MAPAS DO CORPO
Educação postural de crianças e adolescentes

Editora executiva: **Soraia Bini Cury**
Assistente editorial: **Michelle Neris**
Capa: **Claudio Alegre**
Projeto gráfico e diagramação: **Crayon Editorial**
Fotografias: **Lucia Mindlin Loeb**
Reproduções fotográficas dos desenhos: **Lucia Mindlin Loeb**
Ilustrações: **André Trindade**
Pesquisa científica: **Christina Ribeiro**
Impressão: **Intergraf**

Summus Editorial
Departamento editorial:
Rua Itapicuru, 613 – 7º andar
05006-000 – São Paulo – SP
Fone: (11) 3872-3322
Fax: (11) 3872-7476
http://www.summus.com.br
e-mail: summus@summus.com.br

Atendimento ao consumidor:
Summus Editorial
Fone: (11) 3865-9890

Vendas por atacado:
Fone: (11) 3873-8638
Fax: (11) 3872-7476
e-mail: vendas@summus.com.br
Impresso no Brasil

• A Léon Bonaventure

SUMÁRIO

Prefácio 11

Apresentação 13

Introdução 15

I • A LINGUAGEM DO CORPO

O próprio corpo 18

Uma comunicação para além das palavras 19

O modelo autoritário de comunicação 23

A mente incorporada 24

A orquestra do movimento 25

II • A PELE

O sentido da pele 28

As primeiras experiências corporais: o tato e o cérebro 29

Sensibilidade 32

O toque 33

A dor 33

Limites: o papel da pele 34

A experiência simbólica da pele 35

Todo dia 37

Atividades práticas 37

Para fazer em casa 60

III • OS OSSOS

Estrutura viva 66

O crescimento 68

Ossos *versus* músculos 70
Presença no corpo 71
Descorporalização e medo 72
Atividades práticas 75

IV • MÚSCULOS E ARTICULAÇÕES

A motricidade. 94
O movimento integrado 95
A escolha da atividade física 98
Corpo e imaginação 100
Crítica e inibição 105
Ser e estar. 107
O movimento da adolescência 108
Recolhimento e expansão 114
Atividades práticas 118

V • MAPAS DO CORPO

Linhas, distâncias e direções: a consciência corporal. 124
A linha do meio 125
O despertar da lateralidade. 130
O movimento em torção. 135
A linha do horizonte. 138
O círculo entre o olhar e as mãos 143
A organização da cintura escapular e dos membros superiores 147
Mãos e identidade 153
Mapas das mãos 156
A aquisição da escrita 167
A postura ereta 168
Mapas da postura sentada. 185

VI • O MOVIMENTO NO ESPAÇO
Movimento e expressão 206
O círculo: "o pano" 206
A linha: "o trem" 212
A dança 215
Caracol 222

VII • A NOVA GUERRA DO FOGO: O IMPACTO DO MUNDO VIRTUAL NA EDUCAÇÃO DE CRIANÇAS E ADOLESCENTES
A postura 229
Estado de concentração? 231
O mundo virtual e a violência 233

Posfácio – A corporalização do saber 239
Minha história com o movimento 247
Referências 250

PREFÁCIO

O mais profundo é a pele.
(Paul Valéry)

O QUE ACONTECE com os jovens de hoje em sua relação com o corpo? Como André Trindade constata, testemunhamos uma enorme desorganização corporal de crianças e adolescentes.

As crianças, hoje, não sabem cair protegendo o próprio corpo, não conseguem sentar-se corretamente na carteira escolar, desconhecem o potencial e o limite de seu corpo.

Não temos investido numa educação corporal para que crianças e jovens desenvolvam o autoconhecimento, tão fundamental para a vida. Eles sabem muito de muitas coisas, mas pouco sabem de si. E, sem o autoconhecimento, não é possível desenvolver o autocuidado.

Precisamos prestar mais atenção à questão corporal das crianças e dos jovens. Com um pouco mais de dedicação de nossa parte, podemos ajudá-los a ter uma melhor postura para escrever, ler, jogar, andar, correr, pular, sentar e evitar problemas futuros.

Mapas do corpo oferece caminhos para os desafios enfrentados por pais e professores na educação de seus filhos e alunos. Este livro propõe um novo olhar para as estruturas do corpo: pele, músculos e ossos. E esse novo olhar deve contemplar também seu plano simbólico.

É que o corpo, como este livro que você está prestes a ler aponta, é mais do que pele, ossos, músculos e articulações. Contempla também o plano simbólico – porque fala, comunica, sofre e desfruta, expressa ideias e sentimentos.

A pele, o maior órgão do organismo humano, dá contorno ao corpo que crianças e adolescentes habitam: protege seus órgãos, sua intimidade e sua privacidade e, ao mesmo tempo, os coloca em contato com os outros, com o mundo em que vivem. Mas poucos deles se dão conta dessa questão: não diferenciam proteção de exposição.

É bom considerar também que, nesta época, em que boa parte deles vive imersa na realidade virtual, o corpo fica muitas vezes esquecido, ausente, e avatares ocupam esse lugar. Isso nos permite entender melhor ainda por que há, da parte deles, tanto desconhecimento do próprio corpo e das maneiras equilibradas de se relacionar com o ambiente.

Ao ler este livro, você – pai ou educador – terá a oportunidade de compreender a extensão dos sentidos corporais concretos e simbólicos e obterá excelentes sugestões práticas de como exercer o cuidado voltado à questão corporal de crianças e adolescentes.

Temos nos preocupado muito com a alfabetização nos primeiros anos – mesmo antes – do ensino fundamental, mas não temos dado a mesma atenção à "alfabetização corporal" das crianças. Pois devemos.

Que este livro, fruto de anos de comprometidos estudos, trabalhos e atendimentos clínicos de André Trindade, aliados à sua experiência pessoal nesse campo do trabalho corporal, possa ser usado por pais e professores como fonte de inspiração e reflexão.

Boa leitura!

Rosely Sayão

APRESENTAÇÃO

Formado em Psicologia e em Psicomotricidade, André Trindade atua, há 30 anos, em dois campos fundamentais para o desenvolvimento humano: o da educação e o da saúde. Assim, foi com extremo cuidado e reflexão crítica que o autor escreveu *Mapas do corpo*, obra que reúne sua experiência profissional na área da educação postural com crianças e adolescentes.

Apoiado em conceitos de profissionais e autores renomados de campos como psicologia, fenomenologia, pedagogia, fisioterapia, pediatria, psicomotricidade e neurociências, André discorre livremente sobre esse rico universo e nos apresenta o movimento como instrumento elementar na formação da personalidade e no desenvolvimento global da criança e do adolescente. E o faz de maneira própria e magnífica!

O livro encanta os que se interessam pelo desenvolvimento infantil. Dirigido a educadores, pais e profissionais da área da saúde, sua leitura mostra, de forma inegável, que o autor é um dos melhores profissionais do segmento na atualidade.

André tem a rara competência de traduzir o conhecimento técnico-científico em experiência humana. Seu olhar, sua escuta, sua capacidade de observação e sua criatividade tornam-no único nesse processo.

Acompanhei o trabalho do autor por anos e posso afirmar que as sequências práticas apresentadas aqui são instrumentos preciosos para a organização motora, postural e comportamental de crianças e adolescentes. Além disso, quando aplicadas na rotina escolar, também servem para regular os diferentes estados e comportamentos dos grupos.

Ciente de que o papel do adulto não é o de uniformizar condutas, André propõe constantemente que o leitor "mergulhe" no universo infantil e compreenda as características individuais e as peculiaridades de cada criança.

Assim, desejo que os pais e profissionais que se proponham a aplicar as propostas apresentadas na obra o façam com o mesmo refinamento e a mesma delicadeza do autor, adaptando-as conforme as necessidades individuais. E que, durante o trabalho, numa abordagem fenomenológica, a criança e o adolescente sejam reconhecidos e valorizados pela sua capacidade de reinventar, revitalizar e reinaugurar o mundo.

Boa leitura!

Christina Ribeiro
Educadora física e terapeuta corporal

INTRODUÇÃO

> O brincar livre com o corpo permite a experimentação, a criatividade e a expressão. Aprender sobre o corpo permite a liberdade de escolhas e das tomadas de decisões que edificam a consciência de si e a participação pessoal no mundo.
>
> (André Trindade)

COMO E ONDE as crianças aprendem sobre o próprio corpo?

Observo frequentemente a preocupação de pais e professores com a desorganização corporal das crianças e suas atitudes de correção: "Senta direito, menino, endireita as costas!"

Quem ensina a criança a sentar-se harmoniosamente, a segurar o lápis, a manter um bom posicionamento do corpo nas diferentes situações do dia a dia?

Essa é uma função dos pais? Da escola? Do professor de sala de aula? Do especialista em educação física? A prática de atividades esportivas é suficiente para garantir uma boa postura? As crianças aprendem observando o corpo e as atitudes do adulto?

A postura infantil se apresenta extremamente prejudicada. É possível constatar essa realidade em diversas circunstâncias da vida da criança, em especial na escola e em casa.

Na maioria das desorganizações posturais, observam-se a perda do alinhamento do eixo do corpo, a diminuição da altura, uma espécie de achatamento e a imagem de um corpo que não se sustenta bem sobre as pernas, busca apoios, encosta-se e esparrama-se por todo lado.

Dessa desorganização derivam outras, relacionadas ao funcionamento motor e psicomotor: há um grande número de crianças fisicamente agitadas, que não conseguem parar, estabanadas, que têm dificuldade de segurar o garfo, vestir suas roupas, amarrar os sapatos, organizar-se na postura de estudo e na aquisição da letra cursiva.

Somos nós, adultos, os responsáveis por essa educação. Isso significa ser fundamental que pais e educadores invistam pessoalmente nesse aprendizado. Nesse sentido, a leitura deste livro terá dupla função: aprender e ensinar.

Sugiro desde já aos adultos e às crianças que experimentem no próprio corpo as posturas e os movimentos propostos e reproduzam os gestos descritos, utilizando-se da mímica e da imitação. Que aprendam a se colocar nas posturas corretas, assim como a reproduzir em si as más posturas. É desse jogo da mímica do certo e do errado que surgem a consciência corporal e a postura saudável.

As ilustrações, os desenhos e as fotos servem de referência para essa experimentação. Sobretudo os desenhos, quando apresentados às crianças, suscitam o desejo de experimentação do movimento.

Aos professores, em especial, peço que não tratem o corpo como matéria teórica e tragam as experiências do movimento para dentro da sala de aula, para a rotina escolar.

Proponho aos leitores que mergulhem nas imagens simbólicas apresentadas e busquem despertar em si as lembranças das experiências corporais vividas na infância e na adolescência: a primeira vez na bicicleta sem rodinhas, a sensação de um salto na piscina, entre outras.

I • A LINGUAGEM DO CORPO

O PRÓPRIO CORPO

De que matéria somos feitos? De átomos. De células. De células que se organizam em tecidos. De tecidos que se organizam em órgãos. De órgãos que se organizam em sistemas. De linfa, de sangue, de água. De pele, de ossos, de músculos e articulações. Somos feitos de tudo isso. Nossos movimentos comunicam desejos, ideias e sentimentos.

A abordagem do corpo da criança e do adolescente deve contemplar dois planos: o físico e o simbólico. Nessa perspectiva de integração, o corpo ganha dimensões para além de suas qualidades mecânicas. O sistema locomotor deixa de ser apenas a máquina do deslocamento e torna-se "corpo vivido" nos planos concreto e simbólico.

Para cada pensamento ou sentimento haverá uma contração muscular e alguma alteração postural. As emoções e os pensamentos alcançam os gestos e as posturas, modificando-os.

O movimento também possibilita ao indivíduo encontrar diferentes maneiras de se colocar no mundo e, dessa forma, modificar seus pensamentos e sentimentos.

O corpo ganha função expressiva. O movimento transforma-se em linguagem.

> Parece ser próprio do animal simbólico valer-se de uma só parte do seu organismo para exercer funções diversíssimas. A mão sirva de exemplo...
> Aponta com os gestos o eu, o tu, o ele; o aqui, o aí, o ali; o hoje, o ontem, o amanhã; o pouco, o muito, o mais ou menos; o um, o dois, o três, os números até dez e seus múltiplos e quebrados. O não, o nunca, o nada.
> É voz do mudo, é voz do surdo, é leitura do cego. (Bosi, 2000, p. 67)

UMA COMUNICAÇÃO PARA ALÉM DAS PALAVRAS

A LINGUAGEM CORPORAL está presente desde o nascimento e se estende pela infância e pela adolescência como forma importante de comunicação. Uma linguagem transmitida pele a pele, para além das palavras, no contexto das experiências inconscientes.

Essa linguagem do corpo é capaz de comunicar sentimentos como segurança, confiança, bem-estar, ordem, medo, raiva, impaciência, tristeza, vergonha, orgulho, entre uma infinidade de expressões.

Há um dispositivo de comunicação no cérebro humano que permite a interpretação do gesto de outros humanos. Trata-se dos neurônios-espelho, identificados em 1994 pelos neurocientistas Giacomo Rizzolatti, Leonardo Fogassi e Vittorio Gallese, da Universidade de Parma. De acordo com os pesquisadores, os neurônios-espelho nos permitem captar a mente dos outros usando não o raciocínio conceitual, mas a simulação direta. Ou seja: sentindo, não pensando.

Esses cientistas constataram que a simples observação de ações dos outros é capaz de ativar as mesmas regiões do cérebro do próprio observador. Isso significa que nossa mente reproduz em nós o que assistimos aos outros fazerem. Mimetizamos gestos, emoções e expressões. Ao observarmos alguém comendo, somos capazes de produzir suco gástrico; ao assistirmos a uma partida de tênis, acionamos as áreas motoras relativas a esse esporte.

Essa habilidade está presente no comportamento de imitação, mas vai além.

O exemplo do espreguiçar é esclarecedor: quando alguém se espreguiça, não apenas copiamos o gesto observado como reproduzimos, em nós, nosso próprio espreguiçar.

Do mesmo modo, reagimos a emoções não verbalizadas: sentimos a tristeza do outro, assim como somos contagiados pelo entusiasmo e pela alegria.

Aqui estamos diante das bases biológicas do comportamento da empatia, da capacidade psicológica de colocar-se no lugar do outro, de compreender o sentimento e as reações alheios, imaginando-se nas mesmas circunstâncias.

> Existem várias maneiras de aprender as coisas. A mais convencional delas é a do discurso pedagógico, a fala organizada que pretende nos ensinar o que precisamos saber. Mas aquela que nos marca de modo mais profundo e duradouro é sempre a da observação do gesto do outro, o exemplo do qual somos testemunhas e cujo significado reconhecemos visceralmente. (Diegues, 2005)

Na infância e na adolescência, a linguagem do corpo é o elemento primordial da comunicação. Num primeiro momento, a criança capta intenções, emoções, gestos e atitudes. Em seguida, busca associar suas impressões com o que é dito por meio das palavras. Nós, adultos, nem sempre oferecemos a integração entre gestos e palavras:

— Papai você está triste? Você está chorando?

— Não, meu filho, está tudo bem, estou ótimo!

Em vez de:

— Sim, papai está um pouco triste, mas vai passar.

Ou:

— Mamãe, você brigou com a vovó? Você está com raiva dela?

— Não, filha, não briguei.

Em vez de:

— Sim, nós discutimos porque temos ideias diferentes. As pessoas que se amam podem brigar e depois fazer as pazes.

A criança sente-se insegura e confusa quando "lê" o corpo do adulto e percebe que as palavras discordam da atitude corporal. Frequentemente considera estar errada em suas interpretações. Essa insegurança pode acompanhar a vida adulta, comprometendo escolhas e decisões futuras, no âmbito pessoal e profissional.

Nessa mesma linha incluo a ironia. A criança pequena tem muita dificuldade de interpretar essa forma de comunicação e fica confusa. A compreensão daquilo que está subentendido na ironia só acontece em crianças maiores, havendo mesmo um momento em que elas passam a se utilizar desse jogo de palavras e da malícia na comunicação.

Há ainda outras situações em que as percepções da criança não correspondem à realidade, como quando ela sente ter feito algo errado, mesmo que isso não tenha acontecido. Por isso o papel do adulto é importante na discriminação, reafirmando com palavras e gestos sua intenção.

Porém, nós, adultos, nem sempre oferecemos coerência entre o discurso e a ação. O adolescente se incomoda terrivelmente com essa incongruência. Reage questionando e criticando e, muitas vezes, por não encontrar respostas e atitudes convincentes, chega a desistir de questionar e torna-se apático. É preferível o adolescente que questiona a falta de integração entre o dito e o não dito.

Ilustração: GDS

"Reunir gesto e palavra de forma harmoniosa acalma e convence." (Denys-Struyf, 2010)

O sentimento de segurança é reforçado quando a palavra confirma o que foi percebido por meio da linguagem do corpo. Com a experiência da linguagem integrada, a criança aprende a lidar melhor com as próprias emoções e a reconhecer os sentimentos humanos; exercita sua capacidade de experimentar em si os sentimentos dos outros e com isso torna-se mais empática; reconhece as formas e as regras dos comportamentos sociais.

Infelizmente, o inverso é válido: as crianças inseguras em relação às próprias percepções podem ter maior dificuldade nas relações pessoais e nas interações sociais.

É importante que o adulto dê ouvidos à linguagem do corpo das crianças e dos adolescentes. Que busque o contato visual e a comunicação pelo olhar; que seja franco e autêntico, respeitando os limites da criança, e, claro, protegendo-a de informações com as quais ela não tem condições de lidar.

Ao professor que enfrenta o desafio de lidar no dia a dia com a educação da criança, proponho que busque em si tudo aquilo que deseja transmitir. Se deseja silêncio, que busque o próprio silêncio. Se deseja concentração, a mesma coisa. Se deseja que não gritem, não peça gritando.

A inclusão da linguagem corporal na sala de aula e no seio das relações familiares é uma ferramenta de grande valor para pais e professores.

O MODELO AUTORITÁRIO DE COMUNICAÇÃO

Ilustração: GDS

A FIGURA ACIMA representa, de forma caricatural, a comunicação desigual entre o adulto e a criança, um dos modelos de relação presentes na sociedade atual. O adulto assume o papel daquele que tudo sabe, da autoridade que detém o conhecimento. Sua postura rígida e o ar de superioridade intimidam. O dedo em riste aponta incisivamente para fortalecer suas ideias e convicções. Já à criança é atribuído o papel de quem nada sabe. Ela fica em situação inferior, diminuída em tamanho e posição.

O adulto fala, fala, fala. As palavras parecem desconectadas das expressões corporais e das emoções. Por mais que se esforce, a criança não consegue manter a atenção ao discurso; deseja mover-se, não pode. Fica agitada. Deseja mover-se, não pode. Foge para o mundo da fantasia, alheia ao entorno. O adulto chama a atenção da criança. Ela se esforça para corresponder. O modelo descrito não é exclusivo das relações entre crianças e adultos.

Por outro lado, a empatia possibilita a "leitura" das emoções e das reações do outro. Esse elemento gera dinamismo na comunicação; promove a escuta, a reflexão, a consideração de ideias, estabelece o diálogo. A ausência da empatia promove o discurso unilateral e autoritário. Este se baseia no apego às próprias ideias e na intransigência. A criança, "acuada" nessa situação, reage, muitas vezes, repetindo o padrão.

O desenho anterior é de autoria de Godelieve Denys-Struyf. Godelieve, como era chamada por mim e por todos os seus alunos, iniciou sua carreira como artista plástica e retratista na Bélgica nos anos 1970. Foi, antes de tudo, uma grande observadora do corpo e do comportamento humano. Profundamente interessada pelo tema, formou-se em Fisioterapia. Criou o método das Cadeias Musculares e Articulares GDS, hoje difundido no Brasil e no mundo.

Godelieve era uma dessas professoras muito diferentes do modelo representado em seu desenho. Era uma Mestra animada, entusiasmada, que vibrava ao compartilhar seu conhecimento. Em suas conferências internacionais, diante de grandes profissionais da área da saúde, jamais se privou de levantar-se e mostrar, por meio do movimento, seus princípios e ideias. Foi dela que ouvi pela primeira vez a reflexão sobre a comunicação para além das palavras, em uma época em que ainda não se conheciam os neurônios-espelho. Godelieve foi uma visionária!

A MENTE INCORPORADA

George Lakoff, professor de Linguística da Universidade da Califórnia em Berkeley, foi um dos fundadores da teoria da Linguística Cognitiva, em 1970. Sua pesquisa refere-se à ideia de que os processos mentais, entre eles o pensamento, constroem-se mediante experiências corporais e de que mente e corpo não constituem realidades independentes e distintas.

Para esse pesquisador e sua equipe, o começo de toda atividade cognitiva se dá pela experiência direta no mundo proporcionada pelo corpo. Segundo esses estudos, os conceitos abstratos são em grande parte metafóricos, elaborados com base em experiências concretas. Nesse sentido, a metáfora não representa apenas uma forma de linguagem, mas a simbolização da experiência vivida e, em consequência, a base da formação do pensamento humano. Até mesmo o pensamento matemático parte de metáforas simples, derivadas das experiências sensoriais do corpo em movimento.

Segundo Lakoff, a capacidade neuronal das áreas motoras pode também ser utilizada para efetuar raciocínios abstratos.

Partindo da experiência física, a criança elabora conceitos abstratos. Correr de um ponto a outro, por exemplo, permite a formação de conceitos abstratos sobre o tempo e o espaço: a criança experimenta a duração do trajeto, reconhece a distância entre os pontos percorridos, compara essa distância com as de outros trajetos.

É interessante como o autor relaciona a forma do corpo humano à maneira como pensamos. A estrutura do corpo humano, a postura ereta e nosso modo de nos movimentar determinam e condicionam nosso jeito de pensar.

Na perspectiva do autor, se tivéssemos outra estrutura – redonda, por exemplo – e habitássemos um planeta com força gravitacional bem menor do que a da Terra, certamente nossa forma de pensar seria diferente. As crianças entendem essa analogia e divertem-se com ela.

A ORQUESTRA DO MOVIMENTO

O CORPO HUMANO é uma unidade funcional complexa e integrada que pode ser comparada a uma orquestra sinfônica, na qual cada instrumento produz um som particular com qualidades próprias e todos em conjunto formam a unidade da peça musical.

Os instrumentos que compõem a "orquestra do movimento" são os ossos, as articulações, os músculos e a pele, todos regidos pelo sistema nervoso central. Essa imagem faz sentido para a criança e o adolescente, além de facilitar a compreensão da complexidade do corpo em movimento.

Embora o movimento seja percebido como ações integradas (saltar, correr, pular), estudamos separadamente cada estrutura que o compõe para aprofundar o conhecimento de suas qualidades particulares. É o que veremos nas partes a seguir.

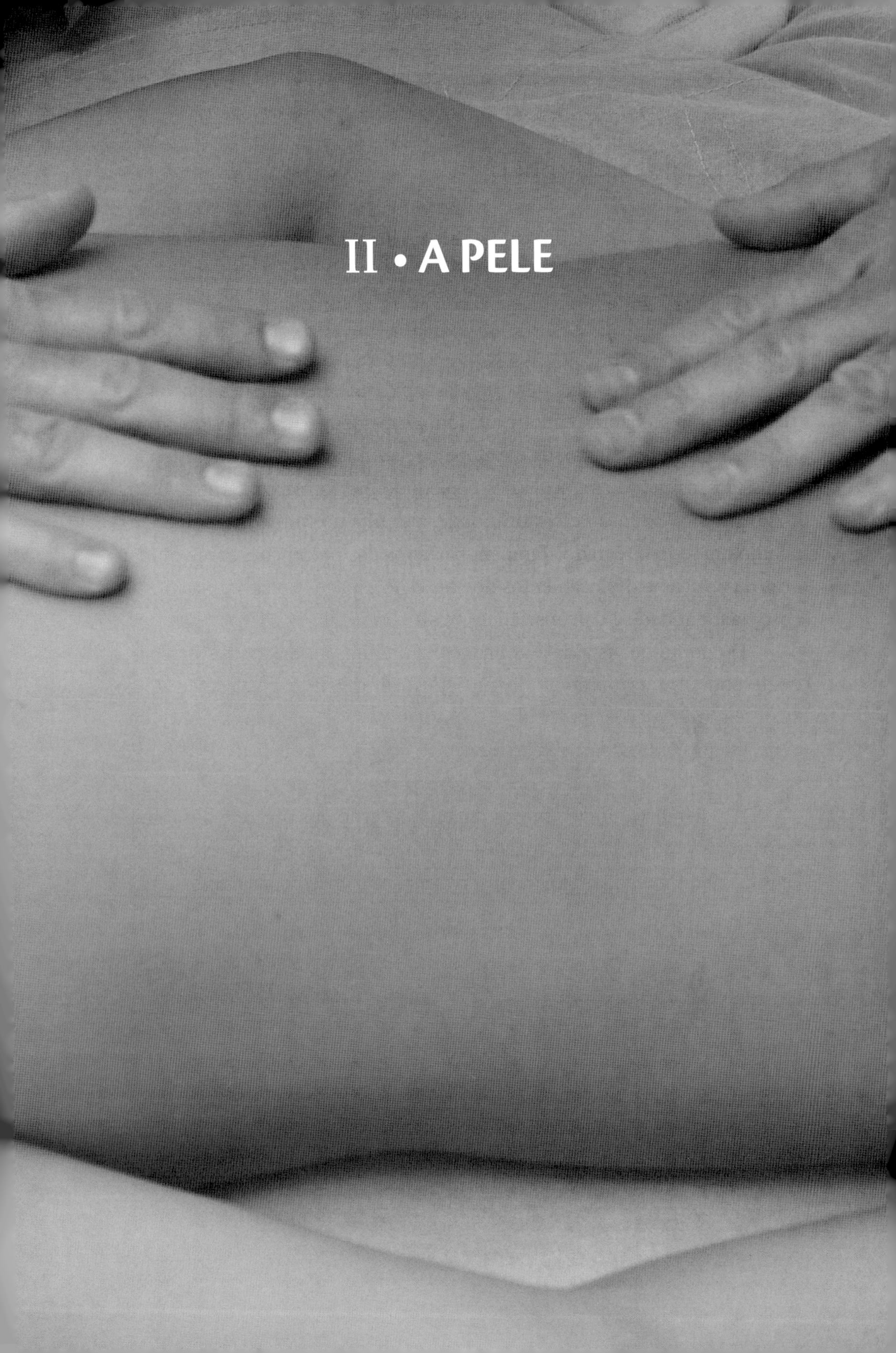

II • A PELE

O SENTIDO DA PELE

Podemos oferecer às crianças uma série de informações interessantes sobre a pele. Trata-se do maior órgão em extensão do corpo humano. É surpreendente imaginarmos que a pele do corpo de um adulto pode ter quase 2 m^2 de extensão! Uma de suas principais características é a alta sensibilidade, devido à grande densidade de receptores nervosos.

A pele é composta de três camadas: epiderme, derme e tela subcutânea, tendo função protetora, termorreguladora e captadora de estímulos dolorosos e táteis. Serve de invólucro, de envelope e revestimento do corpo. Sustenta os músculos, os ossos e as articulações, conferindo-lhes forma, contorno e volume.

Por sua extensão e continuidade, permite ao indivíduo perceber-se como um todo integrado. Também participa das percepções sobre mudanças de posição e deslocamentos do corpo no espaço. Colabora na construção da identidade e da consciência de si.

Do ponto de vista da autoimagem e da imagem das outras pessoas, a pele constitui a aparência do indivíduo, indicando raça, cor e idade. Contém informações particulares a cada pessoa – como impressões digitais, traços pessoais, marcas de nascença, cicatrizes, tatuagens. Partindo da pele, podemos inferir algo sobre a história e o estilo de vida do indivíduo.

A pele reflete ainda o funcionamento interno dos órgãos e dos estados emocionais, por meio de variações de temperatura, coloração, elasticidade e tonicidade. Por exemplo, ao observarmos uma pessoa suando excessivamente, poderemos concluir se ela esteve praticando intensa atividade física, se está em estado febril ou sob forte estresse emocional.

Interface do corpo com o ambiente externo, a pele delimita a noção de dentro e fora, estabelecendo limites e trocas com o meio. Essas trocas acontecem na transpiração, na respiração, na secreção de fluidos e na absorção de substâncias.

Estados interiores também são comunicados por meio da pele. Um abraço, um afago, um aperto de mãos transmitem conteúdos emocionais.

A pele é, ainda, um órgão de exploração que nos permite perceber e conceber as formas dos objetos. Sentimos a forma da cadeira na qual estamos sentados, a de um colchão macio que acolhe o corpo cansado ou a do asfalto quente da rua quando andamos descalços. Isso sem falar na pele que recobre as mãos e nos possibilita obter uma infinidade de informações sobre o mundo e seu funcionamento.

A mão explora, a pele sente, o cérebro concebe.

De olhos fechados abraço
A natureza das coisas
Minha fina casca
Meu envelope vivo
Minha senha secreta
Esconde, suporta e
Revela meu
Forro grosso, meu
Mapa de mil folhas,
Em única versão

SILVIA ROSENBAUM

AS PRIMEIRAS EXPERIÊNCIAS CORPORAIS: O TATO E O CÉREBRO

O TATO É o primeiro sentido desperto na vida fetal, sendo imprescindível para a vida. Se pudéssemos mensurar a quantidade de experiências táteis vividas por cada indivíduo ao longo dos primeiros anos de vida, chegaríamos à casa dos bilhões, dos trilhões, do incomensurável.

O cérebro recebe essa grande massa de informações táteis que possibilita ao indivíduo criar referências sobre si e sobre o mundo ao seu redor. Para o bebê, o tato é central. Por ser uma das habilidades mais avançadas ao nascer, serve de referência para os outros sentidos.

Um bebê cego ou de olhos vendados pode, de maneira extraordinária, conceber a forma de determinado objeto com riqueza de detalhes, como peso, densidade, textura e volume. Ao contrário, uma informação unicamente visual, desprovida do toque não alcança a mesma complexidade de percepções.

Em outras palavras, aquilo que o bebê enxerga tem mais sentido para seu cérebro se ele puder tocar.

Ao manipular objetos como bola, cubo, uma colher de pau, um chocalho, o bebê forma categorias e conceitos abstratos, como pequeno, grande, leve, pesado, um, vários. Discrimina profundidades, diferencia texturas, define contornos.

Hoje sabemos que as experiências táteis primárias têm papel fundamental no desenvolvimento emocional, cognitivo e motor da criança e do adolescente. No entanto, a exploração tátil tem sido negligenciada na primeira infância, ou seja, ao longo dos seis primeiros anos de vida.

As crianças são lançadas no mundo visual dos *tablets* e das telas dos celulares desde cedo. São estimuladas muitas vezes pelos adultos a brincar com os eletrônicos. Os pequenos são levados a criar conceitos a partir das imagens planas das telas. Deixam de experimentar profundidades, pesos, consistências, texturas, cheiros e temperaturas.

Tudo isso é muito diferente da experiência daqueles que são convidados a brincar com jogos de encaixe, de manipulação, de construção e de montagem – ou mesmo a realizar a exploração livre de diferentes objetos, como um balde de plástico e um punhado de areia.

Observo igualmente que o contato com a natureza é restrito para a maioria das crianças que vivem em centros urbanos. A experiência de brincar com a terra, com o mar, com a chuva, com o vento; a experiência de subir em árvores, de escalar obstáculos, de brincar livremente no ambiente externo não têm feito parte da infância. Claro que há alguns poucos que ainda desfrutam desses prazeres.

Precisamos refletir sobre como nossos alunos e filhos estão brincando. Não se trata de "saudosismo" em relação a formas antigas de brincar, nem da negação da presença da tecnologia em nossa vida. O fato é que o universo virtual não substitui de forma nenhuma o brincar livre e a exploração motora.

Outro fator agravante desse cenário é a ideia de que o cérebro infantil deve ser estimulado a todo momento. Esse viés deve-se aos avanços das neurociências nos últimos 30 anos. Nesse período, constatou-se a grande atividade cerebral do bebê e nós, adultos, passamos a exagerar na dose de estimulação do pensamento da criança.

Chegamos mesmo a nos orgulhar dessa nova geração de crianças especialmente inteligentes, "intelectualizadas", capazes de aprender conceitos, acumular conhecimentos, responder prontamente a questões formuladas pelos adultos. Importa menos o caminho que a criança percorreu para chegar a essas respostas.

Há uma pressa para que a criança se desenvolva. Agrada aquela que anda, fala e pensa o mais breve possível. Estimulamos a precocidade em todas as áreas. Seja por falta de tempo, por ansiedade ou por desconhecer os mecanismos do desenvolvimento infantil, antecipamos respostas, desprezamos dúvidas e não permitimos que a criança mergulhe na exploração corporal e na investigação em busca de respostas próprias.

Uma criança de 3 anos e meio vem mostrar à mãe um objeto pelo qual se encantou. Trata-se de um desses suvenires que representam uma cidade sob a neve. O objeto é lúdico: a criança o chacoalha para ver a neve se agitar. A cidade em miniatura está imersa no meio líquido, cheio de bolhas. O objeto de forma arredondada cabe nas mãos da menina e ela orgulhosamente é capaz de carregá-lo sem deixar cair. Está profundamente entretida, relacionando os sentidos e o pensamento.

Então a mãe interrompe o silêncio:

— Sabe como se chama essa cidade? Está escrito aqui embaixo, olha, CHI-CA-GO. Seu tio viajou para lá.

Que corte para a criança!

Essa é uma das situações nas quais o adulto, em nome de estimular o raciocínio da criança, rouba-lhe a sensorialidade, priva-a de viver o momento presente em sua plenitude, de mergulhar no mundo da exploração e da imaginação. Ela é desviada de seu foco de interesse e, antes de chegar às próprias conclusões, é forçada a associações distantes de sua realidade. Não seria essa uma das raízes da ansiedade contemporânea?

SENSIBILIDADE

À MEDIDA QUE a criança brinca, sente, aprende e explora o movimento, forma conceitos e constrói a memória de suas vivências. Com essa bagagem conquistada, pode, de certa forma, abdicar das experiências diretas do tato. Não precisa mais tocar um objeto para concebê-lo. Pode imaginar, supor e prever.

Ao longo da infância, as áreas de sensibilidade da pele são delimitadas; as cócegas que se espalhavam por todo o corpo ganham áreas específicas, a sexualidade desperta e a criança experimenta com curiosidade outras formas de prazer.

A adolescência permanece como etapa de maturação sensorial. Do ponto de vista corporal, há um conflito: de um lado, o despertar da sexualidade, movido pelo estímulo hormonal, abre campo para novas explorações de prazer; de outro, existe o desconforto de "habitar" um corpo que cresce rapidamente e sofre mudanças que demandam adaptações constantes. O corpo do adolescente será tema de um capítulo posterior.

Em minha prática clínica e educacional, observo que a sensibilidade de muitos adolescentes e crianças encontra-se alterada. Há crianças e adolescentes dessensibilizados que percebem pouco as informações advindas da pele. Não notam quando se machucam ou esbarram seja em objetos, pessoas e móveis; não reconhecem o espaço que ocupam.

Por outro lado, há crianças hipersensibilizadas que reagem a qualquer estímulo, não conseguem andar descalças, se incomodam com a etiqueta da roupa em contato com a pele, têm dificuldade em relação ao toque, sentem aflições cutâneas, muitas cócegas e desconforto.

Essas alterações que podem fazer parte do processo de desenvolvimento saudável apresentam-se, muitas vezes, intensificadas. Tanto a alta quanto a baixa sensibilidade da pele interferem no desenvolvimento e no bem-estar da criança e do adolescente. Observo que a instabilidade emocional e as variações de humor são comportamentos mais comuns entre crianças hipersensibilizadas. Por outro lado, as dessensibilizadas parecem muitas vezes distanciadas das próprias emoções, choram menos quando se machucam, afetam-se menos emocionalmente. Para esse segundo grupo, as emoções "não percebidas" nas atividades corriqueiras parecem se acumular e podem gerar intensas explosões emocionais de tempos em tempos. Pele e emoção estão profundamente ligadas.

As atividades práticas sobre a pele apresentadas no final deste capítulo têm como objetivo regular essas alterações.

O TOQUE

DESTACO AQUI A função curativa do toque. Tocamos, de forma espontânea, as regiões doloridas esfregando delicadamente a mão sobre a pele em busca de alívio, numa reação reflexa de proteção. Um processo neurológico justifica tal ação: à informação dolorosa é sobreposta a informação do toque sobre a pele, o que diminui a intensidade da informação da dor. Nesse caso, a automassagem ou o toque do outro confere caráter físico aos sentimentos de cuidado, de consolo e proteção.

O toque também aumenta a capacidade de resposta imunológica do organismo. Bebês prematuros, por exemplo, se beneficiam do contato direto do colo dos pais. Os resultados desse contato pele a pele são a diminuição do número de infecções e o aumento da taxa de sobrevivência. Estudos científicos sobre os benefícios da massagem indicam que esses resultados ocorrem não apenas com prematuros, mas também com crianças, adultos e idosos.

O toque amoroso, a carícia e o afago; o abraço, o beijo, o cafuné e o aperto de mãos dispensam explicações. São gestos físicos que, quando consentidos por ambas as partes, expressam o amor, o cuidado e o comprometimento. Para saber mais sobre esse assunto, recomendo a leitura de *Gestos de cuidado, gestos de amor* (2008), de minha autoria.

A DOR

ENTRE AS EXPERIÊNCIAS da pele, a dor é uma das mais significativas. Além de buscar alívio para essa vivência, é preciso compreendê-la. Nesse sentido, dizer que "vai passar" é melhor que dizer que "não foi nada".

O incentivo à superação estará sempre presente; além disso, é preciso ajudar as crianças a reconhecer e dimensionar as diversas situações dolorosas. Estar junto delas e dar sentido e conforto por meio das palavras, acolher o choro nos tombos, nas quedas, nas picadas de insetos e no medo das injeções e fortalecê-las diante de dores menores.

A dor da criança muitas vezes fragiliza o adulto e desperta sentimentos de impotência. Nessa angústia, o adulto acaba por querer abreviar a situação, minimizando a dor e o sofrimento. É importante que ele supere essa dificuldade e se solidarize com a criança.

Estudos mostram que a simples presença de um ente querido tem propriedade analgésica, acalmando os centros que registram a dor (Sambo *et al.*, 2010).

Os pequenos cortes, os machucados, os arranhões provocados por tombos e quedas permitem o reconhecimento dos cuidados necessários diante das situações de perigo e trazem, ao mesmo tempo, noções de limites e de superação.

As crianças pequenas, em geral, fazem questão de contabilizar as "casquinhas" dos machucados e de nos mostrar cada um de seus "troféus", marcas de suas vitórias. Do ponto de vista simbólico, representam a própria força regenerativa da vida.

LIMITES: O PAPEL DA PELE

Observo que o conceito de limite tem sido reduzido ao cumprimento de regras sociais e à capacidade de adequação da criança ao ambiente. Uma criança apontada como "sem limites" é frequentemente aquela que não consegue compreender e respeitar as regras de seu grupo, seja ele familiar ou escolar.

A falta de limites comportamentais de crianças e adolescentes é queixa comum por parte de educadores e pais. O assunto é complexo e envolve as atitudes tanto do adulto quanto da criança.

Outro sentido da palavra "limite" refere-se ao sujeito em seu contorno físico e psíquico. Ao reconhecer o próprio "contorno", a criança terá maior possibilidade de compreender o "contorno" do outro e as leis que regem os diferentes relacionamentos. Assim, o contorno físico possibilita delimitações sociais.

Um belo exemplo disso é o filme francês *Quando tudo começa*, de Bertrand Tavernier, que retrata a vida de um educador numa comunidade pobre no Norte da França. O personagem Daniel, professor e diretor de uma escola de educação infantil, enfrenta grandes dificuldades para manter a frequência de seus alunos, prejudicados pela miséria e pela injustiça social vividas por essa comunidade.

Em determinada cena, Daniel propõe a experiência do toque entre os alunos e sugere que as crianças digam umas às outras se o toque é agradável ou desagradável. Os pequenos, desabituados às propostas de contato físico, vivem essa experiência com alegria e curiosidade. Um dos objetivos do professor era que as crianças identificassem a agressão como algo ruim, inaceitável, já que um de seus alunos sofria "silenciosamente" de violência física em casa.

A experiência descrita no filme trata da construção de limites mediante o contato físico e a comunicação. Num plano, a criança fala sobre as sensações agradáveis e desagradáveis; em outro, aprende a controlar seus impulsos, respeitando as sensações e os limites do outro.

Nesse contexto, o toque, a massagem e o trabalho de consciência corporal podem delimitar o espaço individual e, assim, possibilitar o reconhecimento e o respeito do espaço alheio.

A EXPERIÊNCIA SIMBÓLICA DA PELE

> As roupas animais que os xamãs utilizam para se deslocar pelo cosmos não são fantasias, mas instrumentos: elas se aparentam aos equipamentos de mergulho ou aos trajes espaciais, não às máscaras de carnaval. (Castro, 2002, p. 393-94)

Roupas de heróis, cabanas feitas de pano, capacetes, capas, escudos e disfarces: na linguagem simbólica, tudo isso é pele e remete à sensação de força, proteção e presença no próprio corpo. Cada vez que uma criança pequena veste uma capa de herói, não se fantasia de herói; em sua vivência, torna-se um.

As crianças conseguem alcançar muitos entendimentos sobre si pela linguagem metafórica. Usando a imaginação, reconhecem facilmente as roupas e as fantasias como uma "segunda pele". Os pelos, as peles dos animais e as mantas de lã são transformados por elas em ninhos acolhedores. Sentem-se, assim, protegidas dos perigos reais ou imaginados. No sentido oposto, a ausência da experiência da "pele protetora" conduz muitas vezes a criança a um estado psíquico de desproteção, medo e insegurança.

Inúmeros são os casos de crianças (ou adolescentes) que se apegam a determinadas roupas. Não importa a temperatura ambiente: querem ir à escola com determinado casaco.

Acompanhei o caso de uma menina de 5 anos que se vestia com diversas camadas de roupa para sair de casa. Um casaco sobre o outro, blusas sobrepostas; uma calça sobre a outra, mais de um par de meias. Nada a fazia mudar de ideia, nem os apelos da mãe, nem a elevada temperatura do verão.

Como compreender essa atitude no plano simbólico? Será que lhe faltava o sentido de proteção e de contorno? A menina apresentou grande resistência em se envolver nas atividades de contato físico propostas por mim na escola. Por algumas aulas, permaneceu como observadora de seus colegas até tomar coragem de participar. Veio sem abrir mão de seus múltiplos casaquinhos e, pouco a pouco, foi se desvencilhando de alguns. Ao final do semestre, ia para a escola com vestimentas normais. De qualquer maneira, gostava de manter algumas mudas de roupa no armário da escola para o caso de "necessidade".

Os adolescentes podem levar pais e mães à "loucura" com suas manias relativas ao vestuário. Há aqueles que insistem em usar a mesma calça por dias e dias sem lavar. Alguns se cobrem de casacos, moletons e capuzes. Os bonés e as calças de cintura baixa podem fazer parte da anatomia do jovem. Há ainda aqueles que andam quase despidos, em especial as meninas, com seus shorts e camisetas decotadas, minissaias e tops em pleno inverno. Para eles, tudo isso é pele.

TODO DIA

Minha proposta é que as atividades que estimulam a pele e o toque em suas funções físicas e simbólicas aconteçam diariamente em casa e dentro da sala de aula. Que façam parte da rotina de professores e alunos.

Quero finalizar este tópico relatando a experiência de uma grande educadora, Helle Heckmann, pedagoga dinamarquesa que trabalha com o método Waldorf.

Helle conduz com maestria um jardim de infância em Copenhague. Essa sábia senhora recebe toda manhã, sob temperaturas muito abaixo de zero, seus alunos na entrada da escola. A cada um, Helle e seus professores estendem as mãos num cumprimento. Junto com as mãos, esses adultos oferecem seus olhares. A criança não é obrigada a corresponder com um aperto de mãos, embora a maioria delas o faça. Em seguida, adultos e crianças organizam-se em roda para cantar e dançar. Nesse contato inicial, muitas informações são trocadas por meio do toque, da troca de olhares e da comunicação corporal; assim, o dia começa sobre boas bases.

ATIVIDADES PRÁTICAS

O corpo da criança é seu patrimônio, valendo o mesmo para os adolescentes. Nós, adultos – pais, educadores, terapeutas – somos responsáveis por sua integridade, mas não proprietários desse bem.

Por isso, antes de qualquer consideração a respeito da aplicação de atividades corporais, é preciso estabelecer uma regra de ouro: a criança deve ser convidada a participar. Aquela que se recusar a participar pode permanecer apenas assistindo. Também não devemos avaliá-las por seu desempenho e pela aplicação dos conhecimentos adquiridos sobre o corpo.

Finalmente, reitero o sentido principal das reflexões sobre o corpo que apresento no livro: a abordagem do corpo da criança e do adolescente deve contemplar dois planos – o físico e o simbólico. Por isso, é essencial que todos os adultos e profissionais das diversas áreas ligadas ao desenvolvimento infantil possam contribuir com essa educação.

As atividades apresentadas a seguir podem ser realizadas em grupo, na escola ou em outras situações coletivas. Será necessário adaptá-las a situações individuais, como pais e filho ou terapeuta e paciente. Todas devem ser realizadas com roupas confortáveis que permitam o movimento. As crianças podem estar descalças ou de tênis, dependendo da proposta. A maior parte das sequências é indicada tanto para a criança pequena como para o adolescente. Há indicação de idade para os exercícios específicos, cabendo ao educador, no entanto, a tarefa de adaptar a linguagem às diferentes faixas etárias.

Colchonetes, bolas, almofadas, bastões e edredons farão parte dos exercícios e das atividades. Serão necessárias criatividade e improvisação para montar e adaptar o conjunto de objetos às diferentes situações.

Costumo realizar as atividades de consciência corporal em salas de aula ou em outros ambientes internos. Estes facilitam a percepção do próprio corpo. Ambientes abertos, como parques e quadras esportivas, estimulam a exploração do espaço externo e vão funcionar num segundo momento.

É muito importante que o condutor da atividade experimente previamente em si as sequências que vai propor às crianças. A experiência do adulto permite que ele tenha maior controle sobre a situação, garantindo a segurança dos alunos. As atividades apresentadas não oferecem riscos, desde que se respeitem as indicações de faixa etária e o passo a passo da execução. A responsabilidade pela segurança da criança durante a atividade é do adulto condutor.

Além disso, a experiência prévia do adulto permite que ele transmita algo que viveu e reconheça as sensações pelas quais a criança vai passar. Essa é uma chave importante do trabalho: a transmissão de algo vivido.

Ao longo dos últimos 20 anos, tenho realizado cursos de formação para professores, educadores físicos, profissionais de dança, fisioterapeutas, psicólogos e terapeutas corporais. Esses cursos também podem ser oferecidos diretamente nas escolas, ao corpo docente.

A formação dos professores e a aplicação do método de educação postural na escola são assuntos do texto da educadora Maria Alice Proença, autora do Posfácio.

Alguns dos exercícios sobre a pele são indicados exclusivamente para aplicação em casa.

Bom trabalho!

MASSAGEM COM BOLA

Atividade indicada para todas as idades.

As crianças trabalham em duplas. Uma será a "massagista", enquanto a outra receberá a massagem. Ao final da sequência, os papéis serão trocados.

É importante que as crianças se organizem confortavelmente, sentadas no chão, próximas uma da outra. Indica-se que as crianças com cabelo longo prendam-no para que este não enrosque na bola.

A bola (de tênis ou similar) funciona como objeto intermediário, como facilitador na aproximação física. Algumas crianças podem sentir-se envergonhadas ou com algum tipo de desconforto quando tocadas diretamente pelas mãos.

Vamos às sequências:

1. Deslizar e rolar a bolinha em percurso livre sobre as costas.
2. Em seguida, fazer movimentos circulares sobre os ombros, sobre a espinha dorsal e pela região da cintura.
3. A criança deixa a bolinha de lado e, com a ponta dos dedos, realiza movimentos percussivos e ritmados sobre as costas do parceiro.

Costumo associar o gesto a uma imagem. Para percussão, gosto da imagem dos pingos da chuva variando de uma garoa à chuva forte. Atenção às crianças que só conhecem "tempestades": é preciso ajudá-las a regular sua força.

O tempo de duração da sequência gira em torno de três minutos. A permanência depende do interesse do grupo e da condução do professor. É importante que a criança alcance um estado de relaxamento.

O ambiente deve ser preparado: as carteiras devem ser afastadas e, quando possível, colocar uma música relaxante para acompanhar a atividade.

Variação: a massagem com a bola pode ser realizada com o grupo todo.

Sentadas em círculo, as crianças fazem a massagem e recebem-na ao mesmo tempo.

MASSAGEM EM PÉ

"As gotas da chuva caem sobre a cabeça e escorrem sobre as costas."

"O descanso com o rosto apoiado nas costas do colega."

MASSAGEM DEITADO COM BOLA

Indicada para crianças a partir dos 6 anos.

Em dupla, uma criança se acomoda sobre o colchonete, deitada de barriga para baixo, com o rosto virado para o lado mais confortável. A outra, ajoelhada, segura a bola de ginástica (de 35 cm a 45 cm) nas mãos. Uma almofada grande ou um rolo de espuma pode substituir a bola.

1 Iniciar a massagem com a bola rolando (ou a almofada deslizando) sobre as costas e sobre as pernas, num trajeto contínuo dos ombros aos pés e dos pés aos ombros.

2 Em seguida, o movimento passa a ser de pressão. A bola (ou almofada) é pressionada contra as costas e as pernas em variados pontos. Evitar pressionar a bola sobre a região dos joelhos.

3 Com a bola ou com o rolo, deslizar e pressionar ao mesmo tempo, começando nos ombros e descendo até os pés.

Para esta última manobra, podemo-nos utilizar da imagem do rolo compressor.

É importante lembrar que as pressões devem proporcionar prazer e bem-estar. O educador que conduz a atividade precisa estar atento para que ninguém se machuque. As duplas devem ter estatura semelhante e modular a força no momento da pressão.

Em grupos numerosos, para manter o controle e o cuidado, sugiro que o educador limite a quantidade de duplas em atividade simultânea. Enquanto, por exemplo, quatro duplas realizam a sequência, os outros permanecem assistindo, aguardando sua vez. A duração da atividade varia de acordo com a resposta do grupo.

O objetivo dessa atividade é atingir um estado de relaxamento integrador por parte das crianças e um estado mais silencioso por parte do grupo.

A MASSAGEM DOS BICHOS

Atividade indicada para crianças entre 3 e 12 anos. A partir dos 12, deixamos de utilizar a imagem dos bichos e mantemos a massagem explorando diferentes formas de toque.

A "massagem dos bichos" é realizada sem objetos intermediários, com pressões exercidas pelas mãos, diretamente sobre as costas.

1 A criança deita-se confortavelmente, sobre um colchonete, de barriga para baixo, com a cabeça virada para o lado. A outra criança senta-se ao seu lado.

2 A atividade é denominada "massagem dos bichos" porque as pressões exercidas sobre as costas assemelham-se a pegadas de animais. Começamos pelo elefante! Dos ombros até a cintura a criança simula a pisada de um elefante:

— Que bicho é esse que eu estou fazendo?

— Um elefante!

— Como você sabe?
— Porque é pesado.
— É o elefante pai, mãe ou filhote?
— É o pai.
— Não, é o filhote. O pai vem agora, hahaha...

A criança regula a pressão de acordo com os diferentes tamanhos do animal.

3 Do elefante passamos à onça. Com as pontas dos dedos, a criança simula as garras do felino. Passa as garras pelas costas e pergunta:
— Que animal é esse? É o pai? A mãe? O filhote?

4 Da onça ao canguru. Com a mão fechada, a criança percute sobre as costas do parceiro, simulando os pulos do canguru.

5 Do canguru à borboleta. Com as pontinhas dos dedos, num toque muito leve, a criança dedilha sobre as costas do amigo:
— Que bicho é esse?

6 Da borboleta ao galope. Com as mãos em forma de concha, num movimento ritmado, alternando as mãos, a criança imita o galope do cavalo.

A ordem da sequência apresentada pode variar. É possível criar diversos animais variando as formas de tocar.

SANDUÍCHE DE CRIANÇA

Atividade indicada para crianças a partir dos 6 anos.

"Sanduiche de criança" surgiu em meu consultório como um recurso para "tocar sem tocar" as crianças indisponíveis ao contato físico. A inspiração veio do livro *Um antropólogo em Marte*, do neurologista inglês Oliver Sacks (2006). Nessa obra, o autor descreve a paciente Temple Grandin, autista de alto funcionamento (Síndrome de Asperger) que criou a máquina do abraço.

Essa senhora, sentindo-se impossibilitada de manter contato físico com outras pessoas, inventou uma máquina que simula as pressões do abraço. Segundo seu relato, isso a acalmava nos momentos de angústia e medo.

Ampliei essa experiência para as crianças com ou sem dificuldade de contato direto.

1 A criança deita confortavelmente de barriga para baixo sobre um colchonete, com a cabeça virada para o lado. Uma primeira camada de almofadas e travesseiros é colocada sobre ela:

— Uma camada de mozarela!

Uma segunda camada de almofadas é colocada sobre a primeira:

— Rodelas de tomate!

E assim sucessivamente.

Essa atividade deve ser realizada com uma criança de cada vez.

Alguns cuidados devem ser tomados: é preciso garantir a respiração da criança, seu limite diante da carga e o respeito pelo tempo de permanência na atividade com conforto e bem-estar. O limite de permanência é individual – a criança decide a hora de sair.

Outro cuidado para aqueles que aplicam a atividade em grupo é o controle para que nenhuma criança se jogue sobre aquela que está deitada.

SENSIBILIZAÇÃO DA PAREDE ANTERIOR DO CORPO NA ALMOFADA

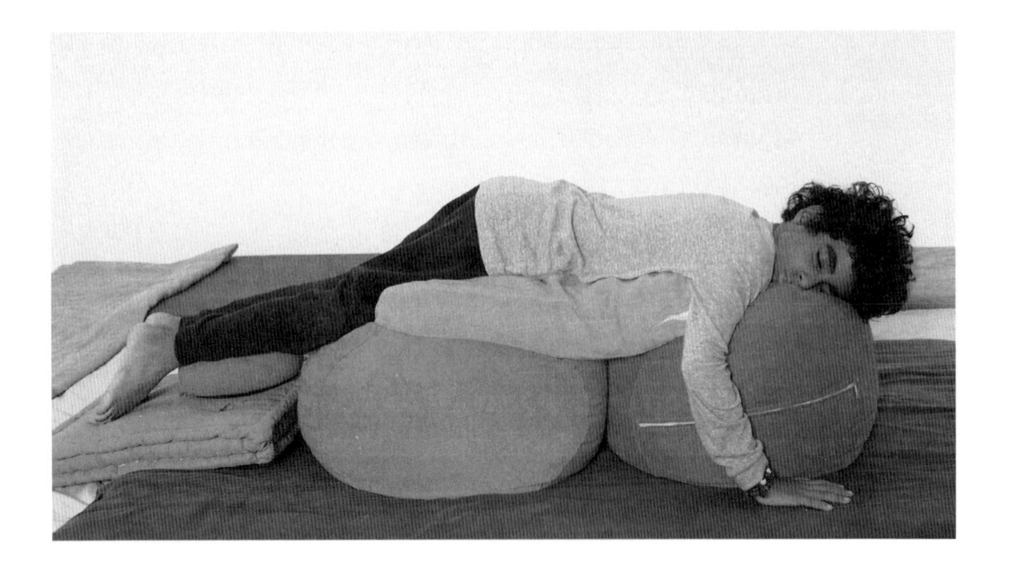

Atividade indicada para todas as idades.

1 Nessa proposta de sensibilização, a criança coloca-se numa postura de relaxamento.
2 Na imagem, podemos observar três almofadas. Para cada criança será necessário ajustar a altura dos apoios, que devem ser estáveis.
3 O ambiente precisa ser adequado à proposta: pode-se usar música relaxante e diminuir a intensidade da luz na sala.
4 A atitude do professor é fundamental para o sucesso da atividade. Mesmo em posição de comando, o educador deve procurar em si as sensações que deseja promover na criança. É preciso que busque uma atitude de serenidade, transmitida pela tranquilidade da voz.

Numa atividade como essa, muitas vezes a duração é marcada pelo tempo que as crianças levam para atingir o relaxamento e entregar o peso do corpo nas almofadas. É preciso considerar que elas não vão deitar e relaxar de imediato. Ao contrário, resistem ao silêncio, querem falar, vão se mexer e gastam tempo para mergulhar na proposta.

5 O educador pede que as crianças percebam os apoios do corpo:

— Sintam o peso do corpo sobre as almofadas, o contato da pele com os tecidos da roupa, os apoios dos pés e das pernas no colchonete. Sintam o apoio das coxas, da barriga, do peito e do rosto nas almofadas. Sintam também o peso dos braços e o apoio das mãos no chão.

É importante relacionar essas sensações com a frente do corpo.

SENSIBILIZAÇÃO DA PAREDE ANTERIOR DO CORPO NA BOLA

Atividade indicada para crianças a partir de 5 anos.

Essa é uma proposta para aqueles que têm bola de ginástica. É um bom início de sensibilização da parede anterior (barriga e peito).

1 A criança deita sobre a bola mantendo mãos e pés apoiados no chão. Pede-se que perceba a forma arredondada e o enrolamento do corpo.

2 Momento de relaxamento e entrega do peso do corpo sobre a bola.

Para esse momento de relaxamento sobre a bola, utilizamo-nos de apoios, como almofadas, para dar estabilidade à postura.

ROLAMENTO E DESCANSO SOBRE A BOLA

Atividade indicada para crianças a partir dos 7 anos.

1 O professor coloca-se próximo da bola.

2 Com a ajuda do professor, a criança deita sobre a bola.

3 Até que a criança adquira segurança, o professor pode segurá-la pelos tornozelos.

4 A criança avança para a frente caminhando com as mãos. É importante que mantenha as mãos alinhadas com os ombros e o corpo alongado.

5 A criança retorna caminhando para trás e descansa sobre a bola. Repetem-se algumas vezes o avanço e o recuo.

ROLAMENTO SOBRE AS BOLAS

Atividade indicada para crianças a partir de 7 anos.

Essa é uma atividade muito dinâmica e divertida, porém requer cuidados.

A criança deve ter experimentado a brincadeira com uma bola só. Precisa estar familiarizada com os desequilíbrios e com as mudanças de apoio gerados pela bola. É preciso que saiba levar as mãos ao chão quando o corpo desliza para a frente. Levar as mãos ao chão é um reflexo de proteção do rosto durante as quedas, mas nem todas as crianças têm essa reação. A brincadeira com a bola é uma maneira de ensiná-las a levar as mãos à frente durante as quedas e de estimular essa reação.

O espaço deve ser amplo e estar livre de móveis e objetos. É preciso tomar distância das paredes.

1 Posicione as bolas, inicialmente duas, alinhadas a cerca de 40 centímetros uma da outra. Essa distância é importante porque, se as bolas estiverem próximas, vão se imbricar e impedir o movimento de rolamento. É comum que as bolas se movimentem, prejudicando o alinhamento, quando acabamos de posicioná-las. Nesse caso, o adulto ou outras crianças podem se posicionar ao lado da bola e apoiar levemente a mão para que ela não saia do lugar. A mão é retirada no exato momento do rolamento.

2 A criança posiciona-se ajoelhada, de frente para as bolas. Apoia as mãos na primeira bola e impulsiona o corpo para a frente, rolando sobre a outra. O impulso sobre as bolas pode gerar um grande deslocamento no espaço. Talvez a criança não consiga brecar o movimento e fazer o recuo para reiniciá-lo. É comum, nas primeiras vezes, que ela caia no chão. Isso faz parte da diversão!

3 Uma vez conquistada a segurança sobre duas bolas, repete-se a sequência com três bolas.

Muitas crianças podem se sentir inseguras diante dessa atividade. De fato, essa brincadeira representa um grande desafio. Lançar-se demanda coragem e habilidade motora.

Algumas crianças lançam-se em todas as atividades sem medir riscos e perigos. Agem por impulso e preparam pouco suas ações. Outras gostam de ter o controle sobre as situações, arriscam-se pouco, são excessivamente cautelosas, chegando a privar-se de várias brincadeiras. Trata-se de comportamentos extremos que podem ter origem no temperamento dos pequenos. É preciso respeitá-los em seus limites e em suas formas de agir. Se uma criança não quiser participar dessa atividade, temos de respeitar sua recusa.

As atividades corporais oferecidas devem ser variadas para contemplar os diferentes temperamentos e, ao mesmo tempo, regular os comportamentos extremos. Por meio dos jogos corporais, espera-se que os comportamentos se equilibrem, que aquelas crianças que agem por impulso possam preparar e calcular melhor os riscos de suas ações. E, ao mesmo tempo, que as mais retraídas ganhem confiança para lançar-se.

ROLAMENTOS LATERAIS SOBRE COLCHONETES

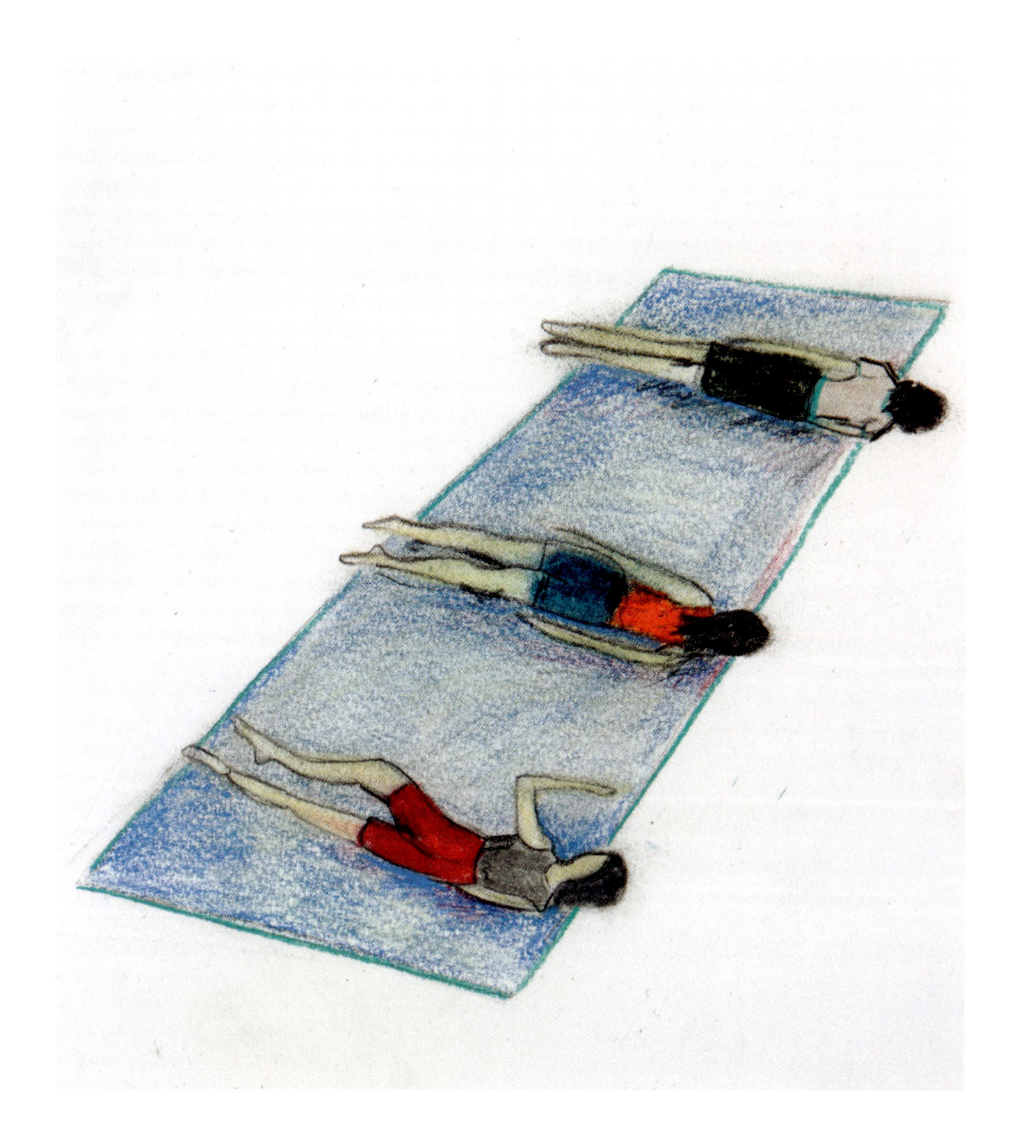

Atividade indicada para todas as idades.

Os rolamentos laterais não são cambalhotas. Fazem parte das atividades de sensibilização da pele e, ao mesmo tempo, abordam a relação do corpo com o espaço. Trata-se de um exercício simples de deslocamento com grande efeito na organização motora das crianças.

Os colchonetes são enfileirados para formar um caminho em linha reta.

1 A criança deita com a cabeça voltada para uma borda do colchonete e os pés voltados para a outra.
2 Inicia-se o rolamento. Observa-se quais crianças são capazes de manter o alinhamento do corpo em relação aos colchonetes. Algumas vão rolar rápido, outras serão mais lentas; algumas esticarão os braços para cima da cabeça, outras os manterão junto do corpo. O fluxo de crianças será contínuo. O educador indica o início do movimento para cada uma, de maneira que haja um intervalo entre um e outra. Ao final do trajeto, a criança se levanta e retorna caminhando ao ponto de partida.
3 Pede-se que a criança procure manter o alinhamento entre a cabeça e os pés ao longo do percurso. O professor dá alguns comandos:

— Sintam a "massagem" que o chão faz em todo o corpo! Percebam o peso do corpo contra o chão. Cuidem do alinhamento! Vão com calma, sem pressa de passar!

— Imaginem que os colchonetes estão cobertos de tinta e vocês querem pintar cada pedacinho do corpo.

— Agora imaginem que vocês são o rolo de pintar paredes e querem pintar o chão.

Repete-se algumas vezes.

O professor pode sugerir quatro pausas ao longo do trajeto: uma pausa de barriga para cima, outra de barriga para baixo, uma sobre um lado do corpo e outra sobre o outro.

CAMINHA, CAMINHA, CONCHINHA, PAUSA

"(1) Caminha, (2) caminha, (3) conchinha, (4) pausa."

"Caminha, caminha, conchinha, pausa" é outra possibilidade de deslocamento sobre os colchonetes enfileirados.

A posição de conchinha, apresentada nas figuras, é uma postura de enrolamento do tronco sobre as pernas flexionadas. É importante que nessa posição a criança aproxime os glúteos (bumbum) dos calcanhares.

Dessa vez, as crianças vão percorrer o trajeto alternando a posição de quatro apoios com a posição em enrolamento na postura da "conchinha". A posição de conchinha será utilizada em diversas atividades apresentadas ao longo do livro.

No presente exercício, o elemento principal é o ritmo.

Utilizamos quatro tempos bem marcados para indicar essa passagem:

— Caminha (1), caminha (2), conchinha (3), pausa (4); caminha (1), caminha (2), conchinha (3), pausa (4).

O tempo de espera é o tempo de recolhimento e respiração.

O professor conduz o ritmo repetidas vezes enquanto os alunos concluem o percurso. Ao final do trajeto sobre os colchonetes, a criança se levanta e retorna caminhando ao ponto de partida.

PARA FAZER EM CASA

MASSAGEM NAS COSTAS

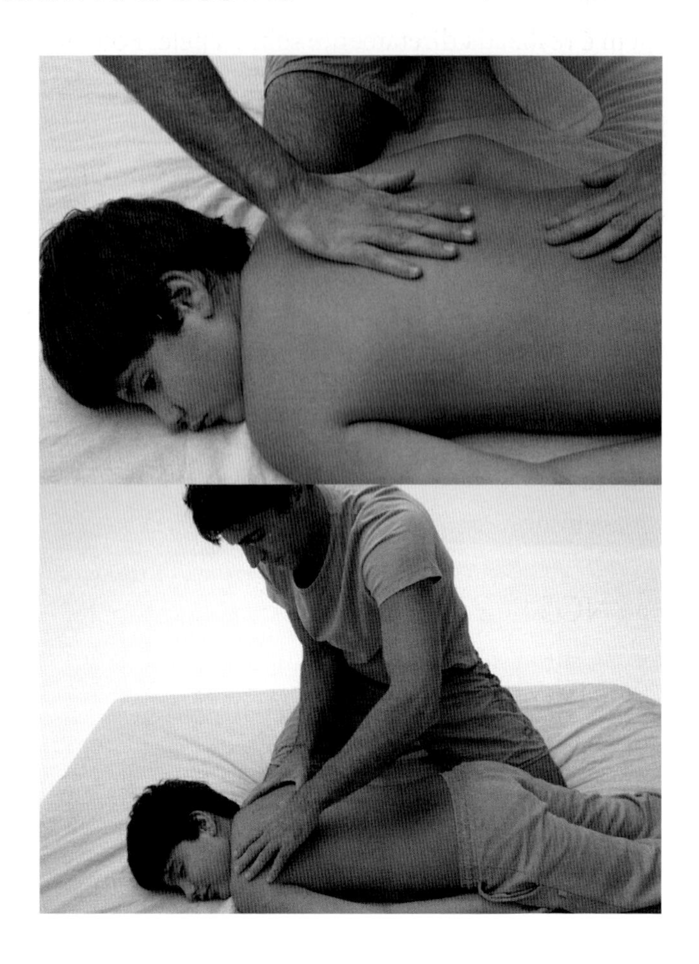

Atividade indicada para todas as idades.

A massagem nas costas tem dois objetivos: propiciar um momento de contato entre pais e filhos e, ao mesmo tempo, despertar uma região do corpo pouco tocada, ativando a circulação sanguínea e a sensibilidade. Trata-se de um momento de relaxamento, que deve ser prazeroso e contar com a adesão espontânea da criança. Alguns podem não gostar de massagem e não querer esse tipo de contato. Isso deve ser respeitado.

1. A criança deita de barriga para baixo com a cabeça virada para um dos lados.
2. O adulto posiciona-se confortavelmente junto da criança.
3. A massagem é realizada diretamente sobre a pele. Pode-se utilizar óleo de massagem ou creme para facilitar o deslizamento da mão sobre a pele. Algumas crianças não gostam do óleo ou do creme; nesses casos, a massagem pode ser realizada sem o uso desses produtos.
4. O adulto desliza as mãos sobre a pele com movimentos circulares.
5. Em seguida, o deslizamento deve ser realizado dos ombros até a cintura e repetido várias vezes nessa mesma direção, de cima para baixo.
6. Durante a massagem, a dupla pode descobrir outras formas de tocar. É importante perguntar à criança se a massagem está agradável e se o toque está muito forte ou muito leve.
7. É interessante propor a troca de papéis. Muitas crianças gostam de fazer a massagem nos pais.

MASSAGEM NOS PÉS

Atividade indicada para todas as idades.

A massagem nos pés segue o mesmo princípio de contato, de relaxamento e de propiciar o "despertar" das regiões do corpo pouco tocadas no dia a dia. É um bom momento para verificar como anda a higiene da criança e se as unhas do pé estão cortadas.

ESCOVAÇÃO

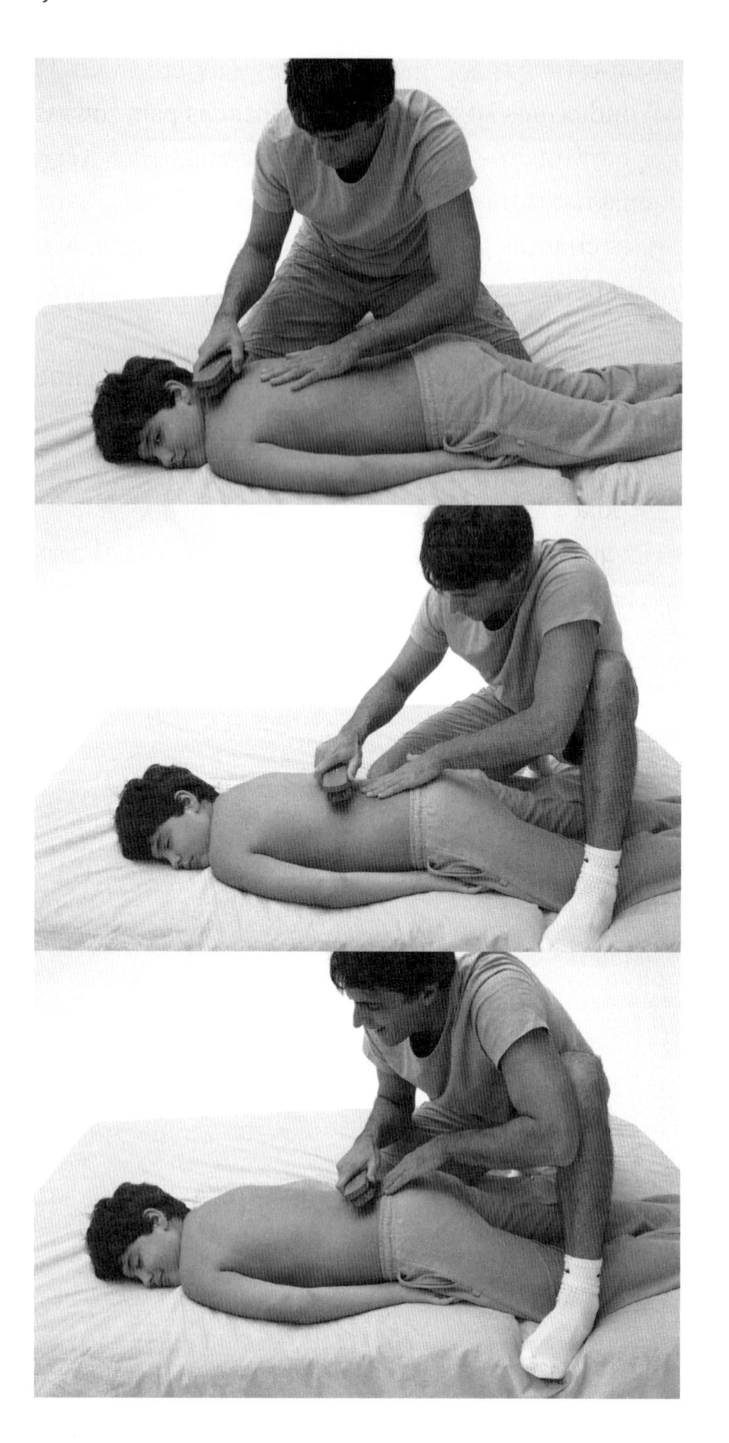

Atividade indicada para crianças a partir dos 6 anos. Trata-se de uma alternativa à massagem nas costas. A escova ativa a circulação, trazendo uma sensação de bem-estar e relaxamento. Ela deve ter cerdas macias, de contato agradável. Indico aos pais as escovas utilizadas para roupas, facilmente encontradas em supermercados. Antes de realizar a atividade, é preciso testar se a criança não apresenta sensibilidade ou alergia ao acessório.

Em geral, as crianças gostam desse tipo de massagem. Mesmo assim, devemos sempre perguntar se elas querem receber a escovação.

1 A criança deita de barriga para baixo com a cabeça virada para um dos lados.
2 O adulto posiciona-se confortavelmente junto da criança.
3 O adulto apoia a escova sobre a pele das costas e inicia um movimento suave (toque leve). Essa informação é nova e leva algum tempo para que a criança se habitue a ela. Em seguida, o movimento da escovação deve ser realizado dos ombros até a cintura e repetido várias vezes nessa mesma direção.
4 O tempo da escovação é mais curto. Na sequência, é possível complementar a massagem com o uso das mãos.
5 É interessante propor a troca de papéis.

III • OS OSSOS

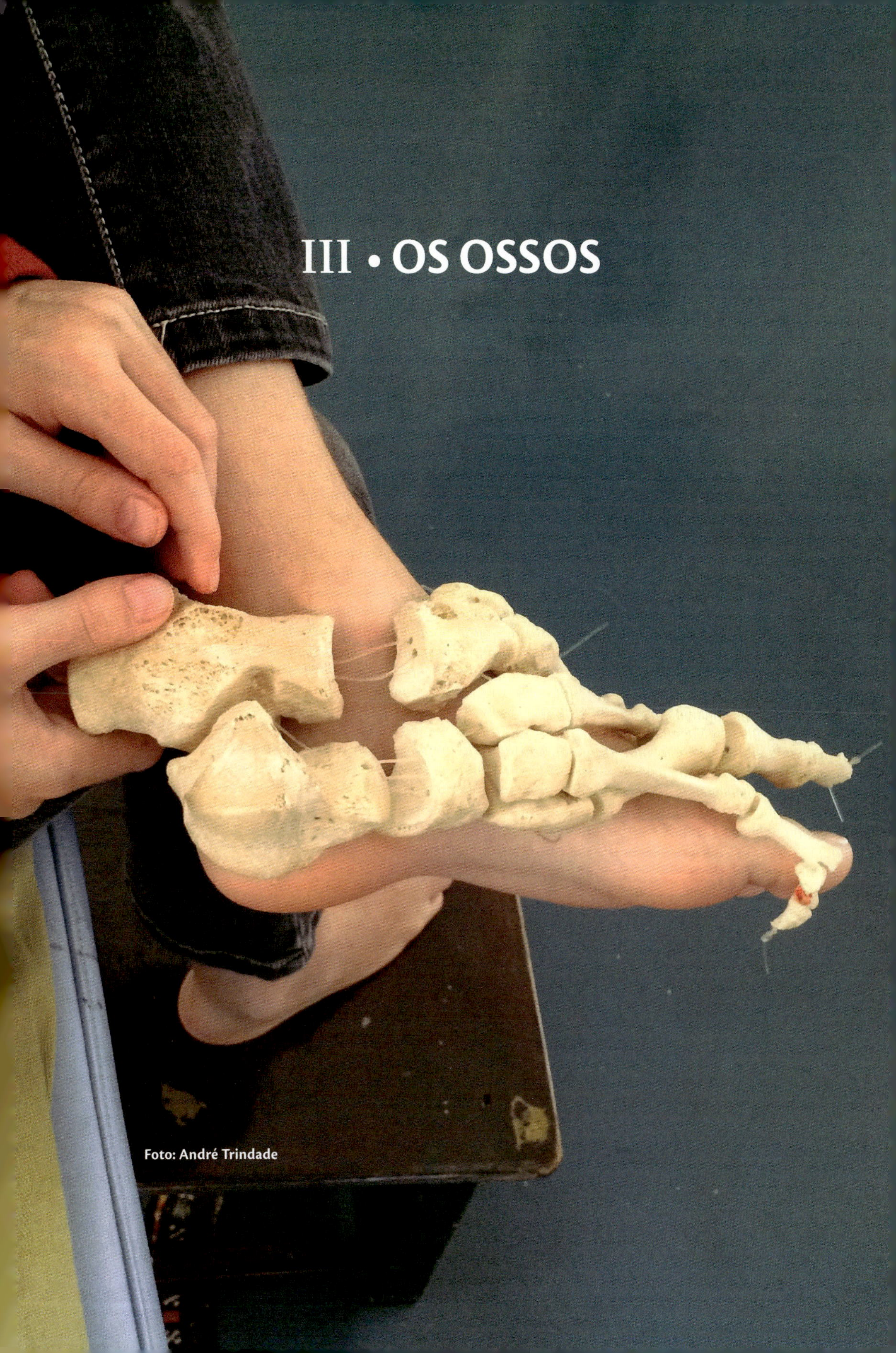

Foto: André Trindade

ESTRUTURA VIVA

Simbolicamente, o osso representa a essência, o cerne, o âmago, a estrutura mais profunda. A palavra vem do grego, *skeletos*, e está documentada na obra de Platão (427-347 a.C.) com o significado de "dissecado". Na primeira metade do século XVI o termo aparece em latim renascentista, *sceleton*, com o sentido figurado de "resumo" (Stedman, 1990). Em hebraico a palavra *etsem* quer dizer, ao mesmo tempo, osso e essência. Em muitas culturas, representa a transcendência, aquilo que permanece para além do ciclo da vida.

Em nossa cultura, os ossos estão ligados à ideia da morte. O esqueleto é visto como "caveira". Crianças e adultos costumam sentir aflição diante das réplicas de plástico e resina que apresentamos em nossas aulas.

Apesar de ser parte constituinte do movimento, a consciência dessa estrutura em nós é praticamente inexistente. O esqueleto é uma estrutura profunda, não aparente. No dia a dia, tomamos contato com os ossos quando sentimos dor – ao nos chocarmos contra objetos, nas quedas e nas fraturas, nas quais o osso é relacionado à imobilidade do gesso e das botas ortopédicas.

Os ossos são estruturas vivas, ricamente irrigadas pelo sistema sanguíneo, e passam por constante transformação ao longo da vida, em especial durante a infância e a adolescência. É interessante informar às crianças que as principais células do sangue são fabricadas na medula óssea, ou seja, que o interior dos ossos produz vida.

Os ossos representam a parte dura do corpo e ao mesmo tempo guardam certa maleabilidade. A associação entre rigidez e maleabilidade produz a qualidade de resistência.

O corpo produz e recebe impactos a todo momento. Os ossos absorvem tais impactos e distribuem as cargas de forma dinâmica. Sem isso, sofreríamos um número muito maior de fraturas, "quebraríamos" em mil pedacinhos, como nos desenhos animados.

É importante ressaltar que o corpo da criança não é uma miniatura do corpo do adulto; ao contrário, tem formas e proporções diferentes. O recém-nascido apresenta um esqueleto com cerca de 300 ossos, enquanto o esqueleto do adulto é constituído, em média, por 206.

Durante o período de crescimento, os ossos são modelados, ganham resistência e fundem-se em estruturas funcionais.

Os músculos estimulam o crescimento do osso pela força que exercem sobre ele. O movimento constrói o osso. Uma criança com paralisia terá estrutura óssea diferente daquela que viveu plenamente o movimento.

O término do amadurecimento do sistema esquelético ocorre por volta dos 20 anos – daí a importância do trabalho de educação postural na infância e na adolescência. Trata-se de um trabalho preventivo na área da saúde.

Uma das funções dos ossos é proteger os órgãos. Podemos considerar, com as crianças, que o cérebro está bem "guardado" na caixa craniana, assim como o coração e os pulmões o estão na caixa torácica.

Além de "caixas", o esqueleto oferece algumas "prateleiras" que sustentam e distribuem o peso dos órgãos. Um exemplo disso são os ossos da pelve (bacia), que servem de apoio para os órgãos localizados no baixo ventre.

Os ossos formam nossa estrutura mais profunda, compõem os alicerces e os pilares que nos sustentam.

Costumo fazer uma analogia entre o corpo e a arquitetura. Junto com as crianças, observamos prédios, pontes, túneis, arcos, embarcações e fazemos o exercício de olhá-los com "visão de raios-X", a fim de descobrir as estruturas subjacentes. Em seguida, podemos relacioná-las com estruturas semelhantes no nosso corpo: os arcos dos pés podem ser comparados aos arcos que estruturam pontes, túneis e portais; a abóbada do céu da boca, com o teto das igrejas e dos palácios: os encaixes das articulações, com polias de transmissão de forças; as bases largas e as fundações responsáveis por sustentar edifícios altos e arranha-céus, com o bom apoio dos pés no chão.

É importante lembrar que nossos ossos são torcidos, sendo o esqueleto tridimensional; que a maior parte das nossas articulações é arredondada, formada por concavidades e convexidades que deslizam umas sobre as outras.

Proponho que todas as escolas tenham uma réplica em resina do esqueleto humano, em tamanho real, ao alcance dos olhos dos alunos. Acredito que o esqueleto deva sair do laboratório de ciências e ser exposto cotidianamente na sala de aula ou na biblioteca, da educação infantil ao ensino médio.

Obra de Sergio Niculitcheff

O mesmo serviria para os consultórios de psicologia, de fisioterapia e para as salas do judô, capoeira e balé. A simples observação da imagem tridimensional do esqueleto, fora do contexto científico, permite que a criança crie maior intimidade com essa estrutura, desdramatizando a impressão de "morte" e transformando a aflição e a repulsa em curiosidade.

O CRESCIMENTO

Períodos de crescimento gradual alternam-se com outros de crescimento intenso em curto espaço de tempo, os chamados estirões.

O estirão do bebê ocorre ao longo dos três primeiros anos de vida. No primeiro ano, o bebê cresce cerca de 25 cm; no segundo, cerca de 12 cm; no terceiro, em torno de 8 cm. A partir desse período, a média de crescimento é de 4 cm a 6 cm ao ano.

O segundo ciclo de crescimento rápido ocorre no início da puberdade. O estirão puberal inicia-se entre 8 e 13 anos para as meninas e entre 9 e 14 anos para os meninos, durando de dois a três anos.

Algumas crianças demoram mais que outras para iniciar o estirão, o que gera ansiedade nos pais e nos adolescentes. Afinal, crianças e adolescentes muito baixos ou muito altos em relação aos seus respectivos grupos enfrentam dificuldades quanto à própria estatura. Por vezes sofrem críticas por serem diferentes e se envergonham de características circunstanciais, que tendem a se equilibrar ao final do crescimento. O papel do adulto será o de apresentar à criança a noção da condição temporária do corpo no período da adolescência.

Ao contrário de ignorar as diferenças, penso que identificar as características individuais seja fundamental, pois isso abre espaço para o diálogo e a valorização do potencial que cada estatura apresenta. Uma criança mais baixa, por exemplo, pode ser bastante ágil, enquanto outra mais alta pode alcançar distâncias e alturas com maior facilidade. No esporte, isso fica evidente quando comparamos a estatura e as habilidades físicas dos jogadores de basquete e dos ginastas.

Outro aspecto importante dos estirões de crescimento diz respeito às condições nas quais eles acontecem. Além da questão quantitativa referente à estatura, deveríamos observar a qualidade da organização postural e do movimento da criança e do adolescente.

A postura influencia – para o bem e para o mal – a organização dos segmentos ósseos. Crescer apoiado em um corpo desconhecido, desorganizado, achatado, adaptado às posturas inadequadas e sedentário é por certo diferente de crescer em um corpo conhecido, habitado, alongado, ativo e bem organizado posturalmente.

Ainda sobre o crescimento: crianças maiores e adolescentes adoram medir-se. As pequenas gostam de olhar suas fotos de bebê. Constroem suas histórias com base nessas referências, percebem-se com surpresa, inseridas no tempo e no processo evolutivo, num corpo vivo e mutante.

Outros elementos que permitem percebermos as mudanças do crescimento são as roupas que deixam de servir, os sapatos que ficam apertados e o mobiliário que se torna inadequado.

OSSOS *VERSUS* MÚSCULOS

No mundo contemporâneo, nossos ossos vivem "aprisionados" em corpos que se "pensam" como músculos, obedecendo a estereótipos e padrões estéticos que privilegiam a força muscular.

Na atividade física do adulto, privilegia-se a musculação, que, apesar de trazer benefícios, tende ao exagero – criando corpos volumosos, com excesso de "massa", muitas vezes rígidos e com movimentos restritos. Esse modelo não corresponde à fisiologia saudável da criança nem do adolescente. A ideia de "definir formas" e aumentar a massa muscular das crianças com exercícios só tem sentido nos trabalhos de reabilitação de patologias, sempre por orientação médica.

É importante reforçar aqui que esses modelos estéticos difundidos entre as crianças e adolescentes são fontes de exclusão e *bullying*. O trabalho de educação corporal abarca a aceitação das diferenças e das qualidades das diversas formas dos corpos, dos diferentes traços físicos.

Do ponto de vista da imagem corporal, é possível oferecer alternativas ao modelo do corpo unicamente forte e musculoso. Podemos convidar os alunos a observar atividades físicas ligadas à agilidade e a outros tipos de competência, nas quais ossos e articulações trabalham em harmonia com os músculos, o movimento apresenta-se com agilidade, equilíbrio, fluência, sinuosidade e precisão – sem o excesso de força muscular como elemento dominante. A coordenação veloz dos malabaristas, a movimentação ágil dos jogadores profissionais de tênis de mesa e o aprumo do equilibrista sobre a corda são exemplos dessa qualidade de movimento.

PRESENÇA NO CORPO

A sensação de estar preenchido de "estrutura sólida" ajuda a criança a se sentir ancorada no próprio corpo.

A criança e o adolescente são frequentemente tomados pela distração e pela fantasia. São levados a um distanciamento do corpo e do momento presente – estado conhecido como "mundo da lua".

Nessas circunstâncias, tanto a criança como o adolescente se "desligam" das sensações do corpo e, com isso, perdem a noção do tempo. Podem estar sempre atrasados para os compromissos, assim como ter dificuldade de dimensionar o tempo necessário para cada tarefa.

A noção de tempo da criança e do adolescente é diferente da do adulto, embora isso, frequentemente, não seja respeitado. A noção de tempo também varia de uma criança para outra.

Em geral, os pequenos precisam de ajuda para compreender o tempo de cada atividade, sendo importante indicar-lhes o começo, o meio e o fim das diversas situações. Pouco a pouco, eles ganham autonomia e vão estendendo a noção temporal para períodos mais longos.

No caso dos adolescentes, por parecerem "gente grande", tendemos a achar que não precisam de ajuda. No entanto, eles vivem perdendo a carteira, o celular, a bolsa, os óculos, os horários dos compromissos.

Mais adiante tratarei da relação do adolescente com seu corpo e com os processos imaginativos. Agora apresento o "mundo da lua" dessa faixa etária como uma forma de devaneio, uma maneira de imaginar o mundo e sonhá-lo como acha que deveria ser. Assim, voltado para o mundo subjetivo, o adolescente se desliga do tempo exterior. Não percebe o início, o meio e o fim; não nota quando sai do clube para a escola, da festa para casa, da lanchonete para a casa do amigo. Vai de uma coisa a outra sem pontuar o fim de cada evento.

Aqui vai uma ideia para ajudá-los: em primeiro lugar, explicar-lhes que esse desligamento da presença no corpo pode ser a causa de tantas distrações e perdas. Em segundo, sugerir que, antes de ir de um lugar para outro, façam uma pausa para verificar bolsos das calças e das camisas, tanto reais quanto imaginários.

Explicando melhor: o adolescente se levanta e começa a bater com a palma das mãos sobre os bolsos da frente da calça, depois sobre os bolsos de trás, como se estivesse procurando a carteira (de fato está); em seguida, faz o mesmo, sobre o peito, nos bolsos da camisa; depois, toca o rosto como se estivesse procurando os óculos (mesmo que não use), as orelhas em busca dos fones de ouvido e assim por diante.

Com esse ritual, o jovem realiza uma percussão corporal sobre o próprio corpo, despertando as sensações que o ajudam a retornar para o "aqui e agora", para a presença no corpo.

Na situação de sala de aula, é comum que esses desligamentos aconteçam. O fato de o aluno ser solicitado a permanecer sentado tantas horas de seu dia parece-me um dos fatores causais. Os mecanismos de escape para essa situação de desconforto são bastante conhecidos pelos professores: a agitação física, a conversa desenfreada ou o refúgio no mundo da imaginação, dos sonhos e devaneios.

Minha proposta para a retomada da presença do corpo durante as aulas é oferecer atividades ao longo do período escolar. Dois a três minutos de vibração ou percussão sobre ossos, por exemplo, podem ter enorme efeito sobre o estado de concentração e presença dos alunos na sala de aula.

DESCORPORALIZAÇÃO E MEDO

É comum na criança pequena o medo de desaparecer, sumir, perder-se dos pais, ser esquecida, ser roubada, ser levada pelo vento, perder a conexão com o próprio corpo – em suma, "descorporalizar-se". Tais fantasias estão ligadas ao medo de "deixar de existir" e aparecem intensamente para algumas crianças e de forma atenuada para outras.

Esse medo de desaparecer ou deixar de existir gera muita angústia e pode ser apaziguado com a retomada das sensações corporais e com o acolhimento do adulto. É assim que, instintivamente, abraçamos a criança e garantimos sua proteção. Explicamos que aquilo que ela imagina não vai acontecer.

O "abraço apertado" proporciona a compressão do corpo da criança e o despertar das sensações profundas do esqueleto. A retomada das sensações corporais associadas às palavras do adulto tem grande efeito tranquilizador.

Na criança maior e no adolescente, esse medo se revela na ideia de perder o controle de si, de ser tomado por "zumbis" ou controlado por extraterrestres.

Além dos medos que derivam da fantasia, existem aqueles do mundo real – o medo de ser sequestrado e afastado da família e o medo da morte são reforçados pela realidade violenta em que vivemos.

Nem sempre a criança maior e o adolescente aceitam o "abraço apertado". Nem sempre simples palavras apaziguam seus questionamentos. Ainda assim, para os estados de medo e de pânico, a retomada da presença no corpo é fundamental.

UMA EXPERIÊNCIA COM O MEDO

O MEDO É uma emoção de base associada a um perigo real ou imaginário. A experiência do medo vem acompanhada de uma série de reações neurovegetativas, como aumento dos batimentos cardíacos e da sudorese, aceleração da respiração, sensação de extremidades geladas e aumento da contração muscular, entre outras.

Tais reações promovem respostas do indivíduo diante do perigo: fuga, enfrentamento ou congelamento/trauma. No restabelecimento do estado de bem-estar, o ritmo cardíaco desacelera, a respiração se regulariza e a sensação de segurança é retomada.

Costumo recorrer ao relato de uma experiência pessoal para transmitir a força da consciência dos ossos em situações de medo ou pânico.

Era inverno, 1989. Eu estava na Bélgica finalizando minha formação em Cadeias Musculares e Articulares GDS, num estágio especialmente voltado para o tema dos ossos. Haveria uma interrupção das atividades durante as festas de fim de ano. Recebi um convite para passar uns dias com a família de amigos, na Itália, mais especificamente em San Pellegrino, nos Alpes italianos.

Guardo boas lembranças daquele Natal: da família que me acolheu, da comida, dos vinhos, da música, da beleza da região e, também, da experiência que vivi na qual a consciência dos ossos me salvou.

Numa tarde, minha amiga e seu irmão me convidaram para uma caminhada. Havia neve em alguns pontos das montanhas e eu não estava devidamente vestido e calçado, mas mesmo assim aceitei.

Andamos por cerca de duas horas pelos bosques e, por estar cercado de árvores, não percebi que estávamos subindo, subindo, subindo. De repente, ao sair de um bosque, dei-me conta da altitude que havíamos alcançado. A essa altura, o chão estava encoberto pela neve e meus sapatos deslizavam sobre o gelo. Senti muito medo.

Meus amigos indicaram que estávamos na última etapa do caminho, faltando cerca de cem metros de subida para alcançarmos o topo da montanha. O medo transformou-se em pânico. Fiquei mudo. Não podia olhar para trás porque havia o precipício, não conseguia olhar para cima porque tinha vertigens. A essa altura, só conseguia caminhar de quatro. Minhas mãos tentavam agarrar a terra por baixo da neve. Senti meu corpo tremer e a espinha gelada. Meus amigos perceberam meu apuro, falavam comigo e eu não conseguia responder. Pensava apenas em chegar ao topo. Acreditava que ali reencontraria a segurança.

Cheguei ao topo praticamente me arrastando e, para minha surpresa, a área do chão do pico era mínima, mal cabíamos os três. Estávamos cercados por um mar de montanhas e precipícios. Perdi minhas referências de segurança. Consegui arrastar-me até sentar com as costas apoiadas contra uma cruz de ferro que havia no local. Em meus pensamentos, eu não encontrava saídas. Se subir havia sido penoso, descer seria impossível.

Nesse momento, sentado com as pernas cruzadas, fechei os olhos e lembrei-me de tudo que eu vivera no estágio sobre os ossos, dos mergulhos através da imaginação no interior do corpo.

Mantive os olhos fechados e "viajei" para os ossos da bacia: percorri os ilíacos, o sacro, o púbis; empurrei fortemente os ísquios contra o chão, como se pudesse criar raízes. Respirei fundo. Com as mãos fechadas, bati sobre os ossos das pernas, sobre os fêmures, as tíbias; por cima do couro dos sapatos,

Foto: acervo pessoal de André Trindade

percuti sobre os ossos dos pés. Repetia mentalmente: "Preciso me ancorar nos meus ossos", "Preciso retomar a sensação da minha estrutura sólida, dos meus alicerces". Finalmente, fiz o exercício mental de ampliar minha bacia até que ela ocupasse o espaço todo dos Alpes. Uma bacia gigante!

A essa altura, eu já havia recuperado o ritmo cardíaco, a respiração voltou ao normal e, com a ajuda dos amigos, consegui descer a montanha.

ATIVIDADES PRÁTICAS

OBSERVAÇÃO DO ESQUELETO EM PÉ

Nossa primeira atividade com os ossos é a observação do esqueleto. Ela é indicada para crianças com mais de 3 anos, desde que feitas as devidas adaptações referentes às faixas etárias. O nível das discussões em relação ao tema varia de acordo com a capacidade de compreensão de cada idade.

Para a criança pequena, observar as formas dos ossos já configura um novo conhecimento

O professor deve pesquisar previamente o nome e a localização dos ossos; ou fazê-lo junto com os alunos durante a observação, seguindo o interesse e a curiosidade do grupo. Hoje, com a internet, esse tipo de pesquisa tornou-se acessível e rápida. Com crianças e adolescentes, não devemos tratar a anatomia como um assunto "científico", inalcançável. Ao contrário, podemos "incorporar" as informações anatômicas e transformar o conhecimento em experiência vivida.

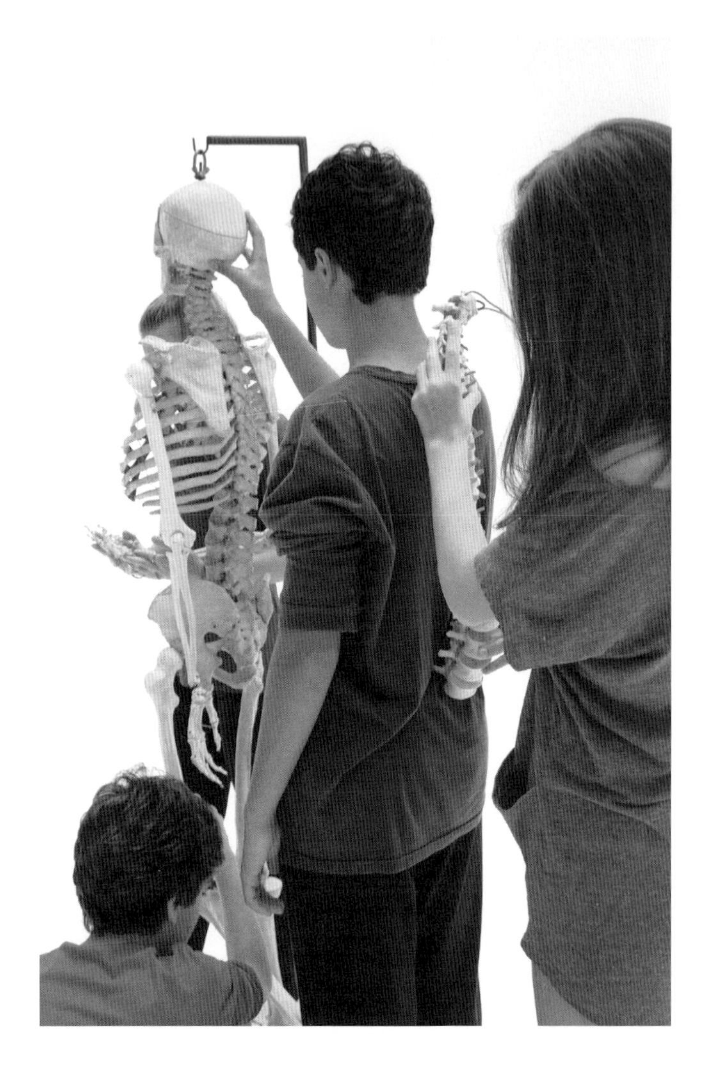

Apresentamos o esqueleto de resina na posição vertical (sustentado por um pedestal), no centro da sala. Os alunos reúnem-se ao redor dele. Essa posição remete à postura vertical do indivíduo em pé.

Os alunos circulam em torno do esqueleto e observam-no de diferentes ângulos. Um primeiro impacto ocorre nessa observação: estranhamento, curiosidades e perguntas.

Há um "espelhamento": aquilo que é observado no modelo é transposto pela criança para o próprio corpo. Nessa reação, espontânea, a criança busca encaixar em si os ossos observados e estabelece relações entre tamanhos, medidas e proporções entre o esqueleto de resina e o próprio corpo.

As crianças podem tocar cuidadosamente o esqueleto, movendo as articulações, flexionando os braços ou as pernas. Podem explorar com as mãos os espaços internos do tronco tocando as costelas em sua face interna, alcançando a coluna vertebral, localizando os espaços do coração e dos pulmões, por exemplo.

Algumas curiosidades sobre os ossos estimulam o interesse do aluno durante a observação: há ossos torcidos, ossos longos, curtos, alguns densos, outros leves, alguns minúsculos. Há ossos pares que se apresentam dos dois lados do corpo – como fêmures, tíbias, costelas – e outros ímpares – como sacro, cóccix e as vértebras. É possível observar as particularidades referentes às concavidades das órbitas oculares, aos orifícios dos ouvidos e do nariz, à abertura e ao fechamento da boca, entre outras.

OBSERVAÇÃO DO ESQUELETO DEITADO

NESSA SEGUNDA ETAPA de observação, os alunos sentam-se em roda em volta do esqueleto, que é colocado deitado sobre o chão, o que permite às crianças tocar todos os ossos. O impacto nessa posição é diferente; o espelhamento dá lugar a uma observação mais próxima, mais "íntima", menos formal e científica, mais pessoal.

A curiosidade permanece em forma de perguntas, e com ela surge o desejo de "vestir" os ossos e imaginá-los dentro do corpo. A progressão da observação permite aprofundar o conhecimento.

A partir desse momento, as crianças são convidadas a investigar o próprio esqueleto: tocam os ossos através da pele em busca de referências anatômicas, seguem contornos palpáveis, procuram no corpo as formas observadas no modelo. Uma vez localizados, partem para movimentos livres, tentando sentir a forma do osso no conjunto do movimento. Em seguida, organizam-se em duplas e localizam os ossos uma no corpo da outra.

Para que todo o esqueleto seja explorado, de tempos em tempos peço que as crianças mudem de posição na roda.

Em minhas aulas, além do esqueleto montado, conto com ossos avulsos, que permitem maior liberdade de exploração.

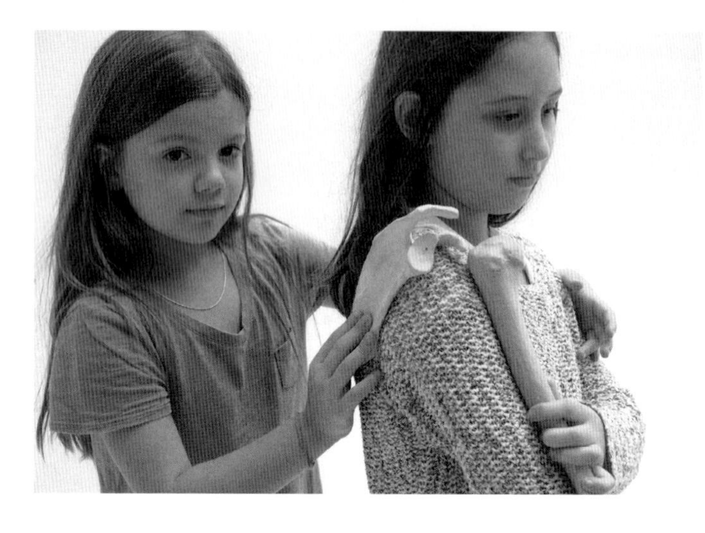

Na imagem acima, os alunos seguram ossos de uma baleia.

A observação do esqueleto nas duas posições, em pé e deitada, tem efeito importante na postura e na consciência corporal. Quando tivemos oportunidades semelhantes? Há quem passe uma vida inteira sem consciência dos próprios ossos.

Essas atividades representam o início do trabalho com os ossos e devem ser repetidas, a fim de despertar as sensações profundas dessa estrutura.

Aqueles que desejam iniciar as atividades práticas sobre os ossos e ainda não têm a réplica do esqueleto em resina em tamanho natural devem utilizar outros recursos. O esqueleto pode ser apresentado por meio de imagens, fotos, exames de imagem, ossos de outros animais, réplicas em miniatura, livros de anatomia para crianças e programas de anatomia em "3D". Porém, o impacto não será o mesmo, pois a relação com o modelo de resina permite a exploração da tridimensionalidade.

No caso de imagens, prefiro as ampliadas. Utilizo projetor, retroprojetor com transparências e Datashow. Também diminuo as luzes da sala, que passa a ser iluminada pelas imagens refletidas dos ossos. Esse ambiente envolvente permite a interiorização e a concentração no assunto.

Costumo mostrar, ainda outras imagens como metáforas para o esqueleto.

Foto: Renato Soares

A projeção da imagem ampliada da oca oferece à criança a noção de abrigo, de interior acolhedor. Costumo relacionar o corpo em seu aspecto simbólico a diferentes tipos de habitação. Discutimos e estabelecemos analogias entre o corpo e os elementos das construções. Na imagem da oca, comparo os troncos e os galhos aos "ossos". O entrelaçamento dos cipós que unem e amarram os pilares dos troncos formam a rede de funções conectivas, que em nosso corpo são exercidas pelos tendões, ligamentos e músculos. A palha que reveste a habitação representa a pele.

PERCUSSÃO NOS OSSOS

A PERCUSSÃO É uma forma de despertar a sensação dos ossos. Por meio dela, a criança é estimulada a estar presente no próprio corpo, a reconhecer que possui uma estrutura interna sólida e de sustentação. Além disso, desperta um novo estado corporal, de vigor, diferente do estado de prostração e imobilidade causado pelas longas jornadas dentro da sala de aula.

As posturas inadequadas – sobretudo a sentada –, mantidas por tanto tempo pelas crianças, demandam adaptações posturais e compensações musculares. Essas posturas assimétricas exigem grande trabalho muscular, chegando a promover contraturas nos ombros, no pescoço e na coluna vertebral. Nessas situações, os músculos acabam assumindo a função dos ossos – a de sustentar o corpo –, e as articulações também sofrem.

Quando reativamos as sensações dos ossos com percussões e vibrações, despertamos os sensores nervosos articulares. Estes informam o cérebro sobre o posicionamento do corpo e despertam a correção postural.

Na escola, as sequências de percussão e vibração nos ossos podem ser aplicadas com os alunos em vários momentos do dia: logo cedo, quando as crianças e os adolescentes parecem ainda não ter saído da cama, nas situações de cansaço mental e prostração física e nos momentos de desatenção do grupo. O vigor alcançado com essa atividade não se limita ao plano físico: promove-se também um estado de atenção renovado.

Em casa, sugiro que as percussões nos ossos sejam realizadas em situações de ansiedade, de medo e insegurança por parte da criança ou do adolescente – por exemplo, quando a criança vai participar de uma competição ou de um teste importante.

Realizamos as percussões utilizando as mãos com batidas ritmadas sobre os ossos, como se estivéssemos percutindo um tambor. Podemos usar a ponta dos dedos, a mão fechada ou o bordo externo da mão ("gesto do caratê").

Também é possível utilizar diferentes materiais, como bolinhas de tênis, uma colher de pau e flutuadores de espuma utilizados em piscinas.

Começamos pelos ossos que podem ser sentidos facilmente sob a pele, como o osso da canela (tíbia), os ossos do peito (esterno e costelas) e os da coluna vertebral.

As estruturas ósseas mais internas, aquelas que não conseguimos tocar diretamente, são sensibilizadas pela vibração que se expande pelo osso em profundidade.

PERCUSSÃO DOS PÉS CONTRA O CHÃO

Atividade indicada para todas as idades.

Percutir os pés contra o chão sentado em uma cadeira – ou mesmo em pé – é um exercício simples que desperta a sensação dos ossos dos pés e das pernas e repercute por todo o esqueleto. Essa atividade promove o vigor, o ritmo e, consequentemente, a melhora da atenção.

Além disso, é ótima para grupos. O som produzido pelo grupo "quebra" a monotonia das atividades de sala de aula. Além dos sons das percussões, podemos solicitar que os alunos emitam os sons das vogais.

1 Sentada na beira de uma cadeira ou de um banco, a criança organiza a postura. Apoia os dois pés no chão e as mãos sobre as pernas.

2 Ao comando do professor, todos juntos iniciam percussões leves, num ritmo lento, batendo, alternadamente, um pé e outro contra o chão.

3 O ritmo e a força da percussão são acelerados até se tornarem muito rápidos.

4 Repete-se a sequência três ou quatro vezes.

5 Cada progressão – do lento ao rápido, do leve ao forte – dura aproximadamente 50 segundos.

PERCUSSÃO SOBRE OS OSSOS DAS PERNAS E DOS PÉS

Atividade indicada para todas as idades. Os alunos devem permanecer descalços e com roupas confortáveis.

A posição sentada na cadeira permite à criança e ao adolescente alcançar com facilidade os ossos da perna e do pé.

1 Sentado na cadeira ou num banco cuja altura permita o apoio dos pés no chão, o aluno cruza uma das pernas sobre a outra, com o joelho rodado para fora.

2 Inicia-se a automassagem, percutindo, com a mão fechada, sobre o calcanhar da perna que está cruzada. A vibração sobre o calcanhar vai repercutir por toda a perna.

3 Em seguida, com a ponta dos dedos da mão, o aluno explora os ossos do peito do pé com leves percussões. A mesma sequência pode ser realizada com a bolinha de tênis, por exemplo.

4 Inicia-se a percussão sobre a parte interna do tornozelo. A saliência óssea que aparece nessa região é denominada maléolo interno. Seguimos subindo pela canela (tíbia) até o joelho. Retoma-se algumas vezes esse trajeto, de baixo para cima ou de cima para baixo.

5 Nesse momento, o aluno descruza a perna e apoia o pé no chão. A percussão será realizada agora sobre a coxa, para despertar a sensação desse longo osso que é o fêmur. Seguimos percutindo esse osso do joelho até a altura do quadril e, em seguida, do quadril até o joelho.

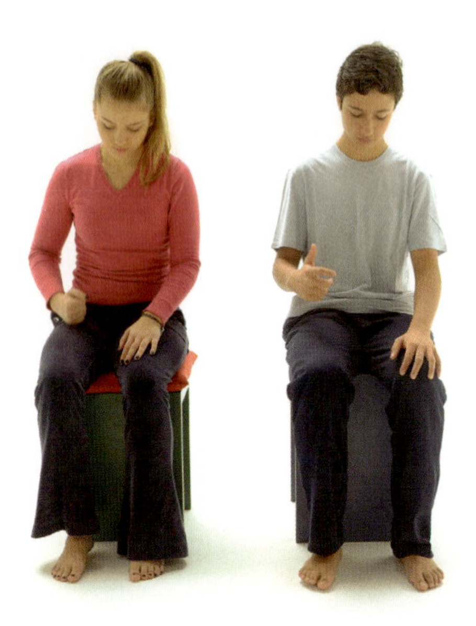

6 Mantendo os dois pés apoiados no chão, o aluno vai percutir a lateral externa da perna, da altura do joelho até a saliência externa do tornozelo – percorrendo, assim, a fíbula.

É importante observar que, nesse exercício, o trajeto não precisa ser anatomicamente preciso.

Podemos seguir os dois sentidos: a. o ascendente, partindo dos ossos do pé, subindo pela canela, depois pela coxa até a região do quadril; b. o descendente, partindo do quadril, percorrendo o fêmur, a lateral da perna (fíbula) até chegar ao calcanhar. Repete-se o trajeto de três a cinco vezes e realiza-se a mesma sequência do outro lado.

PERCUSSÃO SOBRE OS OSSOS DOS OMBROS, DOS BRAÇOS E DAS MÃOS

Atividade indicada para todas as idades.

A percussão sobre os ossos do membro superior também será realizada, na forma de automassagem, partindo-se da postura sentada.

1 Posição inicial: sentado na cadeira, com cotovelo dobrado e ombros relaxados.

2 A mão que está livre do apoio vai realizar a percussão, começando pelo dorso da mão que está apoiada na perna. Podemos utilizar a bola de

tênis, o flutuador ou a ponta dos dedos. Os movimentos devem ser ritmados, percorrendo o trajeto dos dedos para o punho e do punho para os dedos, num movimento de vaivém. Em seguida, percorremos os ossos do antebraço (ulna e rádio), do punho ao cotovelo.

3 Passamos para o braço (úmero), do cotovelo ao ombro.

4 Terminamos percutindo sobre o ombro, sobre a escápula e a clavícula (é interessante que o professor e os alunos pesquisem o nome e a localização dos ossos percutidos).

5 Repete-se o trajeto do ombro para a mão e da mão para o ombro, de três a cinco vezes, e realiza-se a mesma sequência completa do outro lado.

PERCUSSÃO SOBRE OS OSSOS DA COLUNA VERTEBRAL E DA REGIÃO DAS COSTAS

Atividade indicada para todas as idades.

Em virtude da dificuldade de tocar as próprias costas, trabalharemos em duplas.

Percutir sobre o corpo do outro representa um desafio: algumas crianças imprimem muita força no gesto, o que pode ser desagradável. Outras, cautelosas em excesso, inibem-se em relação ao toque, com medo de machucar o colega.

É importante que a criança já tenha experimentado a percussão no próprio corpo, nas pernas e nos braços antes de realizá-la no corpo do outro. Dessa forma, ela será capaz de regular a força do seu gesto. O objeto intermediário, como a bolinha, por exemplo, pode ajudar nesse início de contato.

A atividade pode ser realizada em várias posições: sentada, deitada ou em pé.

PERCUSSÃO NA POSTURA SENTADA SOBRE OS OSSOS DA COLUNA VERTEBRAL E DA REGIÃO DAS COSTAS

1. As duplas se posicionam sentadas (no banco ou no chão).
2. A criança que vai receber a percussão senta-se à frente, mantendo as mãos apoiadas sobre as pernas.
3. A criança que está atrás segura a bolinha de tênis e inicia a percussão sobre as costas do colega, delicadamente. Nesse momento, é importante que a criança que está recebendo o toque informe à outra se a força está adequada e se a sensação é agradável.
4. Depois da exploração livre, passando pelas costelas, pela coluna e pela região dos ombros, a criança inicia o trajeto sobre a coluna vertebral na altura do osso sacro. É importante não percutir sobre o osso do cóccix. Passamos do sacro para a região lombar, dorsal e cervical e subimos em direção à cabeça. As vértebras da região do pescoço são mais delicadas e a percussão deve ser leve, feita com a ponta dos dedos. Como muitos desconhecem a localização da coluna vertebral e o espaço que ela ocupa no corpo, é preciso informá-los de que a coluna vertebral vai do cóccix até o crânio.
5. Mais uma vez, o trajeto pode ser ascendente, da base da coluna até o pescoço, ou seguir o sentido inverso, do pescoço até o sacro. Repete-se o caminho de três a cinco vezes.

IV • MÚSCULOS E ARTICULAÇÕES

A MOTRICIDADE

A PRINCIPAL FUNÇÃO muscular é a contração.

O movimento voluntário parte do sistema nervoso central. As contrações musculares mobilizam as alavancas ósseas que movimentam as articulações. A cada movimento, receptores nervosos informam o cérebro sobre os deslocamentos e as mudanças posturais do corpo no espaço.

O corpo pode ser visto como uma complexa estrutura constituída por múltiplas engrenagens e regida por um refinado sistema de controle denominado coordenação motora.

Há um condutor que dirige essa estrutura: o próprio sujeito. Esse condutor move seu "veículo" partindo de desejos, necessidades e prazeres, conscientes ou inconscientes. Assim, corpo e psiquismo caminham juntos no desenvolvimento da criança, do adolescente e ao longo de toda vida.

Ainda hoje, a motricidade é muitas vezes estudada como uma estrutura isolada do comportamento e do psiquismo. Essa perspectiva reforça a ideia do corpo como máquina, como órgão executor.

Neste livro, o movimento é abordado sempre na integração desses dois planos: o psíquico e o motor. Esse é o sentido conferido pela psicomotricidade.

A estrutura do corpo humano é comum a toda espécie, porém cada indivíduo vive o movimento de forma particular. Cada gesto se dá num determinado contexto emocional e afetivo, sendo percebido de forma única e subjetiva pela criança. Cada emoção, cada sentimento e cada pensamento são registrados no cérebro, ao lado das sensações do corpo em movimento; trata-se de elementos indissociáveis.

Quantos distúrbios comportamentais, tratados em psicoterapias ou por via medicamentosa, se beneficiariam de um trabalho psicomotor? No sentido inverso, quantos problemas posturais e motores estão ligados à vida psíquica e emocional?

O MOVIMENTO INTEGRADO

Embora a organização do movimento seja complexa, este é percebido pela criança de forma global: saltar, correr, pular, dançar, girar, mudar de direção, recuar, avançar, agarrar uma bola, atirar uma pedra...

Na criança e no adolescente, uma das principais motivações para o movimento é o prazer de mover-se.

Faz parte do repertório da criança mover-se sem intenção definida, brincar com o próprio corpo. Nesse sentido, o movimento caminha da mesma forma que a imaginação livre: um movimento puxa o outro, assim como uma imagem leva a outra. Um salto vira um giro, que vira uma corrida, que retorna ao salto. Há uma experimentação de ritmos, uma dança em que a "coreografia" parece brotar espontaneamente.

HABILIDADES MOTORAS

Do prazer de se mover surge o desejo de conquistar habilidades motoras. As conquistas mais simples, chamadas de habilidades básicas, servem de suporte para a aquisição de atividades motoras especializadas.

A criança quer evoluir no controle de seus movimentos, nos esportes favoritos, no domínio de um instrumento musical, nos malabarismos. Na busca dessa evolução, repete incansavelmente as atividades de interesse. Não desiste, insiste mesmo com os erros, com os tombos e os arranhões. Toma os desafios de maneira positiva, lida com as frustrações, procura superar-se. A satisfação nessa busca pode ser imensa!

Algumas crianças são menos "físicas" e podem se tornar passivas, evitando as atividades corporais. Outras, por dificuldades no desempenho, inibem-se em relação ao próprio corpo e tendem a desistir. Não se arriscam. Muitas se escondem na tecnologia e no mundo virtual. São essas as que mais precisam de nossos incentivos em relação às experiências do movimento.

O fato é que as dificuldades motoras interferem na autoestima das crianças e dos adolescentes de muitas maneiras.

Não saber realizar funções adequadas para a faixa etária – segurar o garfo, comer sozinho, vestir-se, amarrar o tênis e até mesmo desenhar ou escrever – causa insegurança e vergonha.

Há uma progressão no aprendizado motor na qual as experiências vão se somando, adquirindo complexidade. Por isso não devemos propor atividades para as quais o sistema neuromotor não se encontra maduro. Esse pode ser outro fator de grande frustração. Hoje, há na educação uma tendência a treinar habilidades precocemente.

O constrangimento por não conseguir realizar determinada função quase sempre se esconde por trás do "eu não gosto": "Eu não gosto de amarrar o tênis"; "Eu não gosto de usar o banheiro da escola"... Quando na verdade, a criança não domina o abrir e fechar o zíper, a capacidade de segurar o lápis etc.

Muitas vezes, o "eu não gosto" é assumido pelos adultos e transforma-se em "ele não gosta": "Ele não gosta de correr"; "Ela não gosta de esportes coletivos". Tais rótulos facilmente se cristalizam como características definitivas da criança. É preciso cuidado com essas generalizações.

Nas situações em que a criança se recusa a realizar determinada ação, costumo perguntar:

— Você não gosta ou não sabe fazer? Quer ajuda?

É preciso ajudar a criança a discriminar desinteresse de dificuldade. Porém, por vezes, o adulto acaba realizando pela criança as atividades nas quais ela encontra dificuldade.

Numa situação vivida por uma criança pequena e seu professor, numa escola antroposófica, o pequeno subiu em uma árvore e estava em apuros, com dificuldade de descer sozinho. O professor se aproximou e, em vez de pegá-la no colo, ensinou-a, passo a passo, a descer. Ao final, o menino sentiu-se orgulhoso de ter conseguido descer por conta própria.

A ESCOLHA DA ATIVIDADE FÍSICA

A ATIVIDADE FÍSICA deve fazer parte da educação da criança e do adolescente. Hoje, há uma grande variedade de esportes, danças e lutas oferecida pelo sistema público e privado, disponível para essa faixa etária. No entanto, a escolha das atividades nem sempre corresponde às motivações desse público.

Ouço reclamações de crianças que se dizem "obrigadas" pelos pais a praticar determinadas atividades físicas e esportivas, vividas por elas como verdadeiros "sacrifícios".

Muitas vezes, a escolha dos pais está vinculada a idealizações daquilo que gostariam para seus filhos e associada a grandes expectativas em relação ao desempenho das crianças. Esse não é o melhor critério. É fundamental que a escolha esteja de acordo com as peculiaridades de cada indivíduo. Cabe mais ajudá-las nas escolhas do que decidir por elas.

Outro erro comum é acreditar que a criança seja capaz de decidir e escolher uma atividade depois de uma única aula experimental. O ideal é que ela possa frequentar algumas aulas para conhecer melhor o professor, o grupo, o ritmo, bem como para reconhecer o ambiente e reconhecer-se na atividade antes de definir sua permanência.

A questão da logística – levar e buscar, horários, distâncias – e os custos também são fatores determinantes na escolha. Porém, é importante sempre levar em consideração a qualidade da atividade e o interesse da criança e do adolescente.

Devemos também lembrar que o que é bom para um irmão não serve necessariamente para o outro. Em famílias com mais de uma criança, alguns pais consideram que os filhos devam passar pelas mesmas experiências – o que nem sempre funciona.

Acredito que a escolha inadequada dessas atividades, em vez de proporcionar um campo de realizações, superações, conquistas e prazer, pode tornar-se motivo de insatisfação ou de baixa autoestima.

Gosto da ideia de que até os 10 anos a criança possa experimentar diversos esportes e atividades físicas e a partir dessa idade, se houver interesse, aprofunde modalidades específicas.

Um aspecto importante ligado à prática de atividades físicas é a disciplina. Uma vez escolhida a atividade, a criança e o adolescente devem cumprir os horários e manter a assiduidade. Isso serve igualmente para o estudo de um instrumento musical, um curso de desenho etc.

Encerro essas reflexões relembrando aos pais e professores a importância do brincar livre. Hoje, é preciso incentivar e estimular as crianças e os adolescentes a realizar tal atividade. O fascínio exercido pelos videogames, pelos computadores, pela internet e pela TV rouba um tempo precioso dessas atividades.

É surpreendente observar como as crianças de hoje caminham pouco. A caminhada é uma das atividades mais importantes para a saúde do organismo: promove a circulação, melhora a respiração, estimula a produção de hormônios ligados ao bem-estar. Além disso, é uma atividade acessível que evita o sedentarismo.

CORPO E IMAGINAÇÃO

Apresento a seguir algumas observações sobre o desenvolvimento infantil e do adolescente relacionando corpo e imaginação. São reflexões sobre a primeira infância, a segunda infância, a pré-adolescência/adolescência e as mudanças que observo ao longo desse período; um olhar particular, que oferece "mapas" e "pistas" sobre essas etapas da vida.

A imaginação é um modo de a criança estar presente na vida. Os símbolos nascidos da imaginação afetam seu corpo. Dessa relação entre o corpo e as imagens surge o *corpo expressivo*, que diz respeito à saudável possibilidade de apresentar sentimentos, emoções, ideias e pensamentos por meio de gestos e posturas.

Num ambiente onde há crianças pequenas, certamente encontraremos bailarinas, princesas, guerreiros e heróis capazes de vencer os piores monstros.

Nessa função dramática, o corpo em movimento apresenta aquilo que a criança imagina ser. A expressão corporal permite o reconhecimento dos desejos inconscientes, não revelados. Ao se verem fantasiados de heróis, os pequenos reconhecem qualidades que desejam conquistar.

Nesse sentido, a capa do herói pode simbolizar a coragem, a força e, ao mesmo tempo, a liberdade de voar, de percorrer distâncias no mundo da imaginação. Com ela, as crianças correm pela sala e pelos corredores de braços e peito abertos; destemidas e corajosas, sobem nas montanhas da cama, pulam por sobre o abismo entre um sofá e outro e refugiam-se na caverna, embaixo da mesa da sala. Com o corpo encolhido, protegem-se das grandes tempestades. Isso é o que supomos que elas imaginem ao observá-las brincando de faz de conta.

Num jogo como esse, o corpo se modela, assumindo diversas formas. Com a máscara da bruxa, os ombros se elevam, a coluna vertebral se curva, a voz se altera e as crianças podem exercer as "maldades" mais terríveis. Ao se enfiarem numa caixa de papelão ou dentro dos nichos escuros do armário, enrolam-se sobre si mesmas e voltam a ser sementes no ventre materno ou embaixo da terra. Quem poderá dizer? Há um mistério na imaginação da criança pequena que nós, adultos, nunca vamos alcançar totalmente.

O poema a seguir, de Almada Negreiros (1921), ilustra esse mistério:

A flor

Pede-se a uma criança: Desenha uma flor!
Dá-se-lhe papel e lápis. A criança vai sentar-se no outro canto da sala onde não há mais ninguém.
Passado algum tempo o papel está cheio de linhas. Umas numa direção, outras noutras; umas mais carregadas, outras mais leves; umas mais fáceis, outras mais custosas. A criança quis tanta força em certas linhas que o papel quase não resistiu.
Outras eram tão delicadas que apenas o peso do lápis já era demais.
Depois a criança vem mostrar essas linhas às pessoas: Uma flor!
As pessoas não acham parecidas estas linhas com as de uma flor!
Contudo a palavra flor andou por dentro da criança, da cabeça para o coração e do coração para a cabeça, à procura das linhas com que se faz uma flor, e a criança pôs no papel algumas dessas linhas, ou todas. Talvez as tivesse posto fora de seus lugares, mas, são aquelas as linhas com que Deus faz uma flor!

No poema acima, podemos compreender a integração da atividade motora e da imaginação. O recolhimento em um canto distante, a introspecção, o coração pulsando, a emoção, o pensamento. O corpo debruçado sobre o papel e a mão, em ação criativa, riscando linhas fortes, outras leves, em muitas direções: a flor!

CONTAR HISTÓRIAS NA HORA DE DORMIR

A IMAGINAÇÃO TAMBÉM promove um estado corporal de receptividade, de escuta e contenção dos movimentos. É o que pode ser chamado de *corpo receptivo*.

Se o corpo expressivo promove o movimento e a dramatização, o corpo receptivo gera a contenção dos movimentos, a capacidade de escuta e a abstração.

Obra de José Rufino.

Os contos de fada propiciam a atividade imaginativa e o acesso ao universo simbólico da criança. Essas histórias, previamente selecionadas e contadas na hora de dormir, preparam-na para o sono e para os sonhos. É interessante observar que, quando essa situação flui bem entre o adulto, a criança e a história escolhida, o corpo da criança entra em um estado de relaxamento e de "aninhamento" na cama – trata-se de uma passagem qualitativa entre a vigília e o sono.

Nem sempre, porém, isso ocorre dessa maneira. Muitos pais relatam que os filhos permanecem agitados, falando sem parar, sem se interessar pelas histórias; ao mesmo tempo, os próprios adultos relatam também estar agitados e desconcentrados. Assim, o "projeto" de contar histórias desanda, perde o sentido.

Acredito que haja vários fatores para esse insucesso. Infelizmente, muitos pais e crianças dispõem de pouco tempo juntos. Se os pais chegam do trabalho quase na hora de a criança ir para a cama, é natural que ela queira falar de sua própria história, de seu cotidiano, manifestando pouco interesse em ouvir histórias de "outros reinos". Nesse caso, a prioridade é conversar sobre o dia e seus acontecimentos.

Há também os pais que estão impacientes, cansados, ansiosos para que a criança durma logo. Um pai me contou que estava indo tudo bem com o conto de fadas quando seu celular tocou e ele teve de interromper a narração para atender à ligação. A criança agitou-se e, quando o pai quis retomar a atividade, foi impossível.

As crianças ficam extremamente irritadas quando, nas situações de convívio, são interrompidas pelo celular dos pais e veem-se obrigadas a aguardar longas conversas. Sentem-se, obviamente, preteridas.

Por fim, há situações em que tudo está bem e mesmo assim a criança permanece agitada, resistindo ao sono. Nesses casos a massagem sobre a pele, o toque tranquilizador e até mesmo o cafuné são essenciais. Esse pode ser um momento precioso de aproximação física e de troca de calor humano. A presença calorosa do adulto acomoda o corpo da criança e a prepara para o sono.

A leitura pode ser realizada pelo adulto ou por ambos quando a criança já está alfabetizada. Existe ainda a possibilidade de que cada um leia o próprio livro, lado a lado. A proximidade física acalma e concentra.

A RODA DE HISTÓRIAS NA ESCOLA

CONTAR HISTÓRIAS PARA crianças organizadas em círculo, sentadas no chão é uma atividade frequente na educação infantil. Tais histórias estimulam a imaginação dos alunos, conectando-os ao universo simbólico e arquetípico dos contos de fadas. A atividade permite a elaboração de sentimentos e emoções por meio dos personagens e dos diferentes enredos. Outra função importante é despertar o interesse pelos livros.

Sugiro transformar os momentos de leitura na escola numa ação dinâmica, incluindo o corpo expressivo e o corpo receptivo. Recomendo ao professor que faça pausas, de tempos em tempos, para que as crianças se levantem e dramatizem trechos da história.

Os gestos são simples: se o herói está escalando uma montanha, fazemos os movimentos de escalar; se o herói usa arco e flecha, reproduzimos os movimentos do arqueiro; se a situação é de medo, reproduzimos esse sentimento com expressões corporais, e assim por diante.

É fundamental que o professor brinque com as crianças, dramatizando as situações. Podem-se utilizar músicas e danças para incrementar a atividade.

Creio que essa seja uma experiência importante. Mais tarde, ao conquistar a leitura, a criança maior, com o livro nas mãos, não terá a mesma disposição de movimentar-se, mas certamente guardará na memória a lembrança das histórias vividas com corpo e alma.

A POSTURA NA RODA

A CRIANÇA PEQUENA não está preparada para manter-se por 10, 15, 20 ou 30 minutos na mesma posição, sobretudo quando sentada no chão. Essa postura é uma das mais difíceis de ser mantidas de forma adequada. Inicia-se um desconforto físico, um "despencamento"do eixo vertical. A criança começa a se esparramar para os lados, a se agitar fisicamente, a perder o

estado de atenção e interesse. Assim, o professor deve criar intervalos para o corpo durante as atividades pedagógicas.

A cada 10 ou 15 minutos, antes que a criança perca a atenção, podemos propor trocas de posição na roda, momentos de pausa deitados no chão ou movimentos expressivos referentes às histórias contadas. Assim, inauguramos uma cultura de "intervalos para o corpo" que, no futuro, podem ajudar o adolescente a fazer pausas a cada 30 minutos durante o uso prolongado de aparelhos tecnológicos.

Sugiro aos educadores que distribuam cadeiras, banquinhos, almofadas e colchonetes durante as atividades de leitura em roda. Dessa forma, a criança pode experimentar, além do chão, várias opções para a postura sentada. O acolchoado colocado no centro da roda ajuda a delimitar o espaço físico e auxilia a criança a se localizar no contexto da atividade. O espaço livre ao lado funciona como "palco"das dramatizações.

Indiozinhos com arco e flecha.

CRÍTICA E INIBIÇÃO

Por volta dos 7 ou 8 anos, o córtex pré-frontal inicia um processo de amadurecimento que vai se estender até o final da adolescência. Essa estrutura é uma das responsáveis pelas funções críticas, pelo raciocínio lógico, pelo planejamento e pelas funções inibitórias do cérebro.

O amadurecimento dessa estrutura cerebral se expressa em cada criança de forma particular e a seu próprio tempo. Porém, o que se observa em relação à expressão corporal é que, em geral, as crianças tendem a ficar mais inibidas, mais críticas em relação ao próprio comportamento e ao comportamento dos outros. O leitor tem alguma lembrança do momento em que isso ocorreu em sua infância?

Do ponto de vista da estrutura do corpo, inicia-se um período de crescimento lento e de mudanças graduais.

O movimento espontâneo e expressivo da criança pequena dá lugar a uma maior contenção dos gestos e dos impulsos, permitindo que o indivíduo dedique mais tempo aos processos de abstração e elaboração mental das experiências vividas. É o que chamei anteriormente de corpo receptivo.

O faz de conta dá espaço aos jogos de regras. O pensamento mágico dá lugar ao pensamento causal. Adeus, Fada do Dente; adeus, Papai Noel. A criança se interessa mais pelos truques que estão por trás das mágicas do que por seu efeito incompreensível. A realidade se impõe e, com ela, o desejo de conhecer os mecanismos que estão por trás das coisas.

O corpo pode ser "pensado" e entendido conceitualmente. Já é possível interiorizar as ações mentalmente e planejá-las. Com isso, a criança passa a ter maior controle motor. Empenha-se em dominar o equilíbrio, em saber fazer coisas com o próprio corpo, em treinar e aperfeiçoar as habilidades nos esportes, nas lutas e na dança.

A aquisição da linguagem escrita e da letra cursiva vai exigir esforço e dedicação. A motricidade fina envolvida nessa atividade inaugura uma nova forma de comunicação e expressão. No entanto, o corpo continua sendo um importante meio de expressão das emoções. É fundamental ajudá-los a se expressar corporalmente nessa fase. Jogos de mímica e de imitação podem ser muito divertidos e úteis.

Algumas escolas já oferecem na grade curricular aulas de expressão e consciência corporal, de teatro, de dança e de circo. Isso é muito saudável! Melhor ainda quando tais aulas abordam temas significativos para essa faixa etária.

O interesse pelos livros, pela mitologia, pela literatura e até pelo cinema de boa qualidade pode ocupar o lugar dos contos de fada e ajudá-los a desvendar o mundo. Se as aulas de expressão corporal derem espaço a essas representações, o trabalho se completa.

É fato que a carga de conteúdo cognitivo a partir do ensino fundamental se intensifica enormemente. Como já afirmei, nessa progressão, o corpo perde espaço, o que é prejudicial à saúde física e mental da criança. Por isso considero necessária a continuidade das atividades corporais no ensino fundamental e médio.

SER E ESTAR

As crianças se importam muito com o que dizemos sobre elas. Por isso faço algumas considerações sobre os verbos "ser" e "estar".

O verbo "ser" dá sentido de existência e, ao mesmo tempo, define características de uma pessoa ou coisa. Já o verbo "estar" expressa lugar e tempo com precisão e também pode exprimir um estado momentâneo de uma pessoa ou coisa.

Segundo Bizzocchi (2008, p. 43),

> as línguas românicas da Península Ibérica – português, galego, espanhol e catalão – são praticamente os únicos idiomas europeus a fazer distinção entre os verbos "ser" e "estar", e, portanto, a marcar gramaticalmente a diferença entre estados permanentes e transitórios do sujeito.

Para a criança, ser e estar fundem-se em uma única percepção. "Eu sou" confunde-se com "eu estou". Isso significa que a ação na qual a criança se enxerga dá a ela noções sobre sua identidade.

Sentir vergonha, por exemplo, muitas vezes tem relação com um estado momentâneo e transitório da criança. Em geral somos nós, adultos, que indicamos a fixação e a permanência desse estado: "Ela é tímida".

Particularmente, prefiro utilizar o verbo "estar" em vez de "ser" para descrever as atitudes das crianças: "Hoje você parece estar com vergonha"; "Você está muito corajoso hoje". Nessa mesma linha de raciocínio, uso o advérbio temporal "ainda" para expressar algo transitório, que não está caracterizado como definitivo.

Quando um aluno me diz "Eu não sei 'tal coisa'", respondo que ele "ainda" não sabe. Utilizo igualmente a expressão "vai passar" para reforçar a noção de transitoriedade e criar perspectivas de mudança.

O MOVIMENTO DA ADOLESCÊNCIA

Durante a adolescência, há uma diversidade tão grande entre os indivíduos que fica difícil estabelecer uma linha de raciocínio que contemple todas essas particularidades.

O adolescente inaugura um questionamento que, a partir daí, estará presente por toda sua vida: "Qual é o *meu* modo de ser?" É o início de uma crise enriquecedora que, no sentido figurado, representa uma verdadeira "troca de pele", a busca profunda da própria identidade.

É necessário mudar. Aquilo que serviu na infância não serve mais.

"Qual é o *meu* modo de ser?" se expressa em muitos aspectos: nos ossos, que crescem intensamente durante os estirões, nos músculos, nas

articulações; no nível hormonal; nas emoções, nos sonhos e no imaginário; nas relações sociais e familiares; e, sobretudo, no nível da autoimagem.

Dizer que os adolescentes são "mal-humorados" por conta dos hormônios seria esvaziar o sentido e a forma como cada um vive esse momento. Assim, é mais interessante entender como cada indivíduo experimenta seu mau humor do que simplesmente estabelecer uma relação causal entre hormônios e comportamento.

A diminuição da produção de serotonina nessa fase da vida é apontada por muitos autores como a responsável pela perda da "felicidade" infantil. Prefiro observar esse estado "negativo" do adolescente – no qual, de certa forma, o mundo perde a graça – como uma experiência de "desacomodação" necessária à sua busca transformadora: "Qual é o *meu* modo de ser?"

As transformações se dão precocemente para alguns e tardiamente para outros. Mais cedo ou mais tarde, porém, a sexualidade desperta em cada indivíduo. Para alguns, isso é motivo de vergonha; para todos, uma grande curiosidade: curiosidade sobre o próprio corpo e interesse no corpo dos outros.

A exploração do prazer erótico se dá tanto na intensificação da masturbação quanto no desejo de contato físico com os pares. Alguns adolescentes iniciam a experiência da paixão, do namoro e do compromisso afetivo.

Em casa, é comum que o pré-adolescente e o adolescente fiquem retraídos em relação aos carinhos dos pais. Muitos evitam o contato, não querem os abraços e beijos da mãe e do pai.

Esse afastamento pode ocorrer de um dia para o outro ou se consolidar pouco a pouco. Os pais, muitas vezes, não compreendem essa atitude e sentem-se rejeitados. É preciso buscar outras formas de trocar afeto.

Creio que o afastamento se deva ao fato de o corpo do jovem estar extremamente erotizado, devendo o afastamento físico ser respeitado no dia a dia. Porém, de tempos em tempos o adulto pode encontrar uma brecha e "roubar" um abraço de seus filhos e alunos – que podem reagir como "estátuas de mármore". Mesmo assim vale a pena.

Se em casa acontece o distanciamento, entre os amigos e as amigas pode haver um grude sem fim: beijos, abraços, colo, mãos dadas. Alguns adolescentes são mais tímidos, mas todos querem se aproximar fisicamente.

Em paralelo a esse processo, penso que haja uma retomada do mundo da imaginação. Novos símbolos, novos heróis, novas jornadas imaginárias. Novas idealizações de como deveria ser o mundo. Muitos questionamentos.

Os adultos muitas vezes cobram a coerência entre os ideais preconizados pelo jovem e sua capacidade de realização, mas para ele é um tempo de sonhar e ao mesmo tempo de esquecer roupas por todo lado, celulares, livros, horários e compromissos.

O organismo está em transformação: seios, pelos, voz. O corpo desoganiza-se e organiza-se ciclicamente. Para as meninas, isso é ainda mais forte em função do início irregular do ciclo menstrual. As emoções também são permeadas por oscilações constantes.

Para os adolescentes, a aparência tem grande importância; mimetizam seus ídolos, do corte do cabelo à forma de andar e à maneira de falar. Tais ídolos muitas vezes não correspondem aos valores estéticos da família, o que é normal. Há o desejo de experimentar novas atitudes e formas de expressão. Seus novos heróis abrem caminho para essa experimentação.

As escolhas dos adolescentes têm, em geral, um caráter contestatório. Como eu disse antes, aquilo que serviu na infância não serve mais. As escolhas dos pais e dos adultos em geral são questionadas.

Os adolescentes querem se inserir num grupo, fazer parte de uma identidade coletiva, o que é saudável. Porém, nessa busca, por vezes perdem os próprios limites. Na experiência coletiva, fazem coisas que jamais fariam sozinhos. Juntos se encorajam e podem correr riscos maiores.

Em casa, precisam de privacidade. Querem manter a porta do quarto fechada e frequentemente se distanciam do convívio familiar. Alguns se isolam de maneira radical – e isso não é bom.

O isolamento pode ocorrer inclusive em relação aos pares. Há adolescentes que não conseguem estabelecer grupos de amigos; nesses casos, a internet abre campo para os "amigos virtuais".

É importante observar quais são os novos "heróis" dos nossos filhos e alunos adolescentes. Serão eles as modelos magérrimas, mulheres lindas e desnutridas? Aquelas garotas extremamente sexualizadas, que cantam músicas que desvalorizam o papel da mulher? O bandido que se dá bem na vida? O herói que se droga? O herói que se suicida? O herói terrorista que busca um ideal cujo valor está acima da própria vida?

É interessante observar como todos esses personagens descritos têm forte apelo em relação à imagem corporal e como essas imagens muitas vezes condicionam o comportamento do adolescente.

Cada família tem o direito de escolher seus princípios e valores, e cada adolescente deveria poder questioná-los. Porém, é preciso ressaltar que vivemos em tempos complexos, em que os jovens recebem todo tipo de informação, de todo tipo de qualidade, o tempo todo.

Enquanto a criança pequena brinca de faz de conta, os adolescentes querem vivenciar concretamente as situações. Podem querer experimentar álcool, cigarro, drogas. Ou métodos pouco saudáveis de emagrecimento. Ou querer fazer parte de um grupo secreto religioso ou filosófico. Ou experimentar a sexualidade antes de estar preparados para isso.

Claro que o adolescente pode apenas querer pintar o cabelo de muitas cores, vestir-se de maneira própria, parecer-se com tal personagem, e isso é extremamente saudável. No entanto, é preciso discernir não apenas o certo do errado, mas o que é jogo dramático, um jeito transitório de ser, daquilo que pode constituir uma experiência definitiva e traumática.

É comum os pais descobrirem algo que não sabiam sobre os filhos adolescentes: um "baseado" na mochila, uma "camisinha" na bolsa, uma mensagem reveladora no celular ou um "site obscuro" frequentado pelo filho ou pela filha. Os adolescentes são cheios de segredos, sendo natural que queiram preservar seu universo pessoal do olhar do adulto. No entanto, como acompanhá-los respeitando sua privacidade?

Retomo os princípios apresentados desde o começo deste livro: é preciso estabelecer o contato partindo da linguagem do corpo, do que se passa além das palavras. São necessários o olhar, a convivência e a confiança. Mesmo que a proximidade física esteja retida nesse momento, é fundamental estabelecer a intimidade por meio de atitudes e palavras.

É preciso termos construído, ao longo da infância, o interesse pelo diálogo entre ambas as partes. E, se isso não ocorreu, será necessário que se construa uma comunicação afetuosa e segura nesse momento. A adolescência inaugura um nova fase de conversas.

É necessário ouvi-los.

É preciso estabelecer um diálogo aberto sobre temas importantes. Um diálogo em que o adulto expõe seu ponto de vista e escuta as opiniões do adolescente, em vez de impor exclusivamente sua opinião. Pode parecer difícil, mas é possível.

Hoje, a internet oferece informações sobre uma infinidade de assuntos. É comum que o adolescente as utilize nos debates com os pais e os professores. Mesmo que tais informações sejam erradas ou distorcidas, não devem ser desconsideradas pelo adulto, pois representam o início da discussão e possibilitam que pais e professores reforcem os valores da família, do grupo social e da comunidade na qual o adolescente está inserido.

Finalmente, é preciso construir limites, criar limites e promover limites, com afeto e comprometimento.

Construir limites implica compromissos por parte do adulto. O de ter firmeza e segurança no que é dito e determinado; o de voltar ao tema da discussão em outros momentos, mesmo que o adolescente se irrite ao falar no assunto.

Criar limites não é simplesmente ditar regras, mas ir além, retornando à pergunta que caracteriza o processo do adolescente e propondo a reflexão: "Qual é o seu modo de ser?" Que sentido mais profundo está por trás de suas escolhas? O que ele deseja viver passando por essa ou aquela experiência? Até onde pode ir sem causar prejuízos a si próprio?

Promover limites significa criar situações nas quais o adolescente possa reconhecer, por si só, até onde pode ir.

Conter ou dar liberdade? Os dois. A situação é paradoxal, assim como a adolescência.

Há momentos em que a restrição por parte do adulto funciona como alívio para o adolescente. Em outros, é necessário soltá-lo, dar-lhe um voto de confiança e acreditar que ele será capaz de promover os próprios limites. É preciso conversar.

Na família, se a conversa não evolui com os pais, sugiro que se procure outro interlocutor, como um amigo da família, um tio, a professora ou até a ajuda profissional de um psicólogo.

Observo que certos adolescentes "adolescem" mais do que outros. Alguns se desorganizam menos, aparentemente encontrando certa serenidade nessa travessia, com apenas algumas turbulências ocasionais.

O trabalho de consciência corporal ajuda substancialmente nessa passagem. Como? O trabalho sobre os ossos – usando percussões nos braços, nas pernas, sobre a coluna vertebral e no tronco – propicia a noção de estrutura interna. O tópico seguinte, "Expansão e recolhimento", oferece chaves importantes para o trabalho com o adolescente. No plano simbólico, trata-se de romper limites, de se lançar no mundo e, em seguida, de poder retornar e interiorizar as experiências vividas.

Creio que seja interessante ler o capítulo com o adolescente, mostrar a ele as imagens e convidá-lo a experimentar as posturas. Perguntar-lhe em qual das posturas se sente melhor e propor a alternância entre elas, passar de uma a outra, experimentar os movimentos da "onda". Em seguida, conversar sobre a sua vivência e estabelecer relações dessa experiência com a vida dele.

RECOLHIMENTO E EXPANSÃO

A POSIÇÃO DE RECOLHIMENTO

A posição de recolhimento é muito importante no trabalho com crianças e adolescentes. Nela, o corpo se dobra e o indivíduo volta-se para o próprio centro.

As pernas são flexionadas, os braços se aproximam do corpo, os cotovelos dobram; o tronco entra em flexão. A coluna vertebral se enrola e a cabeça segue o movimento global de enrolamento, aproximando a testa dos joelhos.

Os estímulos visuais diminuem, as pálpebras se fecham e a atenção se volta para os processos internos do organismo, como os batimentos cardíacos e o ritmo da respiração. A audição permanece como canal principal de contato com o meio externo.

Essa postura de flexão máxima do corpo também pode representar um movimento de proteção, de recuo e de autocentragem. Em muitas culturas, é a posição preferencial de meditação e oração.

Costumo usar a imagem da "concha" no fundo do mar para indicar essa postura aos alunos. Tal imagem também sugere um estado de imersão e de interiorização: a posição de "conchinha".

Ao longo do livro, apresento vários exercícios com o tema do enrolamento em torno do próprio eixo, em maior ou menor amplitude, sendo o sentido desses movimentos sempre o da concentração, o de ajudar a criança e o adolescente a voltar-se para si e a ficar menos dispersos.

É preciso lembrar que um dos temas que motivaram o início do meu trabalho nas escolas foi o da falta de concentração das crianças, observada por pais e professores. Esse é também um assunto frequente no consultório.

Trata-se de um tema complexo – abordado e discutido hoje na clínica médica, psicoterapêutica e psicopedagógica –, que, do meu ponto de vista, é reflexo da cultura contemporânea e da forma como educamos as crianças nas últimas décadas.

Inúmeras crianças com dificuldade de atenção são agitadas, descoordenadas motoramente e hiperativas, mas ainda assim, em congressos e pesquisas relacionados à atenção, pouco ou quase nada se fala do corpo como instrumento de organização capaz de proporcionar concentração.

Minha colaboração ao tema da concentração é justamente o trabalho com o corpo mediante as posturas de enrolamento e agrupamento.

Em meu livro *Gestos de cuidado, gestos de amor* (2007), observamos o enrolamento e o agrupamento como movimentos fundamentais na organização do corpo e da motricidade do bebê ao longo dos três primeiros anos de vida. Infelizmente, nessa fase da vida, já existe um grande número de bebês com dificuldade de encontrar essa posição de bem-estar.

Com as crianças e os adolescentes não é diferente: colocar-se na postura de "conchinha" representa um desafio para muitos deles.

De um lado, o desafio é físico: um desconforto inicial no corpo que desconhece essa postura ou tem pouca intimidade com ela. De outro, o desafio é "desligar-se" do mundo ao redor e voltar-se para si, num movimento de interiorização. É preciso ajudá-los a encontrar essa posição, reconhecer esse estado de recolhimento e desfrutar dessa possibilidade.

A POSIÇÃO DE EXPANSÃO

Na postura de expansão, o corpo se abre, o olhar é projetado para o ambiente e a atenção é deslocada para fora. As pernas se estendem, os joelhos e as pontas dos pés se esticam. No nível do tronco, a coluna vertebral entra em extensão, formando um arco posterior; o abdome e o peito são expandidos para a frente; a cabeça é levada para trás; os braços se alongam, os dedos das mãos se esticam.

As posturas de expansão e de recolhimento permitem expressar diferentes atitudes tanto no plano físico como na experiência psíquica. Se na "concha" o mergulho se dá no sentido da interiorização, na "abertura" surgem o interesse e a curiosidade de conhecer o mundo ao redor. Nesse sentido, "ir para fora" significa dominar novos conhecimentos, expandir limites, ir além de si.

As atitudes posturais extremas de expansão aparecem nos esportes, nas lutas e na dança. São possibilidades universais do movimento humano e estão presentes de forma atenuada nos gestos cotidianos.

Podemos observar a passagem entre essas atitudes na vida do bebê. Nos primeiros meses de vida, ele vive o enrolamento no colo, no berço e na relação com a mãe. À medida que cresce, seu corpo se estica em busca da conquista do espaço ao redor. O bebê se arrasta, engatinha e finalmente anda. Alterna as posições do colo com as de exploração do ambiente: expansão e recolhimento.

Porém, essa alternância nem sempre ocorre de forma saudável. A partir das décadas de 1980 e 1990, os avanços da neurociência e da tecnologia dos exames de imagens permitiram observar a intensa atividade cerebral do bebê e da criança. Surgiu a partir daí uma cultura de estimulação precoce. A estimulação tornou-se um excesso.

O tempo todo, em casa e na escola, oferecemos estímulos externos às crianças, propondo artificialmente que elas aprendam algo, forçando-as a raciocínios e habilidades para os quais, muitas vezes, elas não estão preparadas. Optamos pela quantidade e não pela qualidade de estímulos. Em virtude desse excesso, a atenção da criança está sempre voltada para fora, ficando os momentos de recolhimento e elaboração prejudicados.

O MOVIMENTO ENTRE DIFERENTES ATITUDES

Nosso corpo encontra o equilíbrio quando está apto a transitar e funcionar entre diferentes posturas e atitudes. Não há uma atitude melhor que outra.

A alternância é o objetivo dos exercícios. Em certos momentos, a criança precisa partir para o campo da extroversão, da curiosidade, necessita descentrar-se. Em outros, precisa se centrar, necessita da introspecção, que lhe permite maior capacidade de escuta, receptividade e concentração.

O MÉTODO GDS

Os conceitos antes apresentados, que relacionam atividade muscular, postura e comportamento, referem-se ao método de Cadeias Musculares e Articulares GDS. Esse método aborda o corpo com base em seis diferentes grupos musculares que determinam seis atitudes corporais, que por sua vez correspondem a expressões e comportamentos particulares. Neste tópico, enfoquei dois desses grupos musculares, representados pelas siglas AM e PM.

Em *Gestos de cuidado, gestos de amor* (2007), apresento as seis cadeias e suas relações com o comportamento infantil.

O método GDS oferece muitas ferramentas para o trabalho com a criança e o adolescente, tanto no campo da terapia como no da educação. Na bibliografia, relaciono uma série de títulos, em português, que podem interessar ao leitor.

ATIVIDADES PRÁTICAS

A ONDA

Atividade indicada para todas as idades.

A onda é uma sequência de movimentos contínuos. O movimento é global e envolve todo o corpo. A função desse exercício é alternar as posturas de extensão e flexão. Trata-se de uma espécie de "massagem

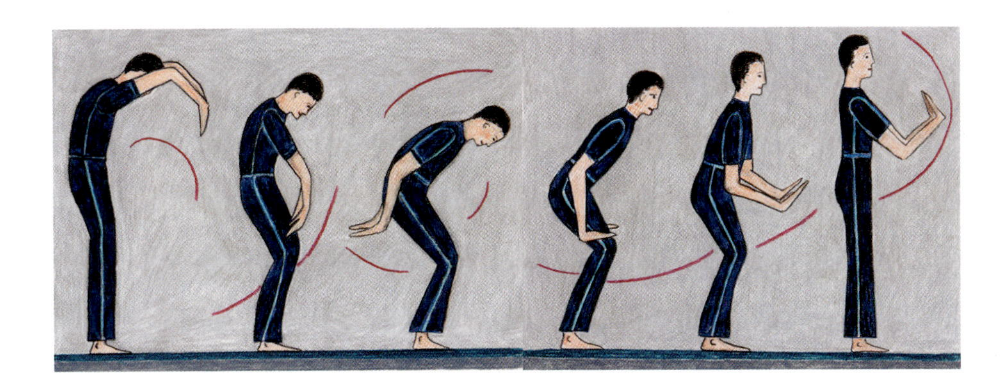

psicomotora" entre os estados de interiorização e de expansão, útil tanto na sala de aula quanto em casa.

A melhor maneira de ensinar essa sequência é apresentar as imagens anteriores e pedir que a criança reproduza cada passagem até tornar o movimento contínuo. Outro recurso bastante eficiente, que funciona para todas as sequências do livro, é escanear as imagens e projetá-las numa tela ou parede, em tamanho maior.

UM MINUTO DE SILÊNCIO

Atividade indicada para todas as idades.

Algumas crianças falam sem parar. Não sabem "viver" o estado de silêncio entre uma fala e outra – muitos adultos também não. Quando retiradas da ação e da fala constantes e colocadas diante do silêncio, encontram um vazio perturbador. Muitas vezes, emergem desse vazio pensamentos indesejados, medos e angústias e, sobretudo, a falta de conhecimento e intimidade com o próprio corpo.

Inúmeras crianças desconhecem o estado de relaxamento no qual o corpo permanece integrado, um estado de entrega e descanso.

Algumas, quando acordadas, estão sempre em movimento. Pulam a fase intermediária entre a vigília e o sono. Mesmo cansadas, permanecem agitadas até caírem, de repente, no sono profundo.

Em geral, entendemos que essas crianças agitadas têm "muita energia" e, em vez de ajudá-las a conter seus movimentos e acalmá-las, acabamos por oferecer mais e mais atividades físicas na esperança de esgotar suas energias.

É preciso, ao contrário, ensiná-las a viver esses momentos de pausa e relaxamento. Aprender a "estar" sem fazer nada, sem joguinhos, sem ações.

Criei o "minuto de silêncio" como atividade a ser inserida no cotidiano escolar, assim como em casa. Uma vez por dia, por cerca de um a dois minutos, experimentamos o silêncio, a diminuição da atividade física e mental e a redução dos estímulos sensoriais, visuais e auditivos. Trata-se sobretudo de um momento de pausa, de regeneração.

O elemento central dessa proposta é a ideia de compartilhar a experiência do silêncio. Por favor: que ninguém mande a criança para o quarto para fazer o "minuto de silêncio". O adulto precisa estar junto e apresentar a mesma disposição que a criança. É proibido olhar o celular, responder às mensagens ou corrigir provas durante esse tempo.

A proposta é simples: as crianças são convidadas a encontrar posições confortáveis na sala de aula, nas cadeiras ou deitadas no chão. O ambiente é preparado com a ajuda dos alunos: diminuem-se os estímulos, as luzes são apagadas, as portas e as cortinas, fechadas, os celulares, desligados.

É bastante comum, nas primeiras vezes, que as risadas e as piadas aconteçam, que haja incontinência da fala e demore algum tempo até que elas se acalmem. Certas crianças precisarão da proximidade física do educador para ajudá-las a conter-se.

Essa mesma experiência pode ser realizada em casa, com toda a família ou aos pares.

O efeito é tremendo.

Com a repetição e a prática contínua, é possível chegar a três minutos, e muitas vezes as próprias crianças pedem para realizar a atividade.

O "minuto de silêncio" pode ser complementado com outras propostas de relaxamento. É um bom momento para as práticas e os exercícios de respiração.

V • MAPAS DO CORPO

LINHAS, DISTÂNCIAS E DIREÇÕES: A CONSCIÊNCIA CORPORAL

"Mapas do corpo" formam um conjunto de referências capazes de determinar distâncias, direções, ligações entre as partes do corpo e facilitar o movimento coordenado. Essas linhas têm por base o trabalho sobre a coordenação motora desenvolvido pelas fisioterapeutas francesas Suzanne Piret e Marie-Madeleine Béziers.

Os mapas aqui apresentados foram criados por mim e pelas crianças. Em nossa exploração, partimos em busca de linhas imaginárias. A mim coube traduzir a complexidade das diferentes estruturas da coordenação motora em linguagem acessível às crianças. A elas coube a experimentação.

Desenhamos essas linhas sobre o corpo das crianças, assim como as representamos no papel. Além disso, utilizamos fitas adesivas, bandagens e outros materiais. O objetivo dessa exploração é construir um mapa mental, também chamado de esquema corporal, que se inscreverá no cérebro ao mesmo tempo que nos músculos, ossos e articulações.

As atividades apresentadas a seguir podem ser realizadas em grupo, na escola ou em outra situação coletiva, assim como individualmente. Devem ser realizadas com roupas confortáveis que permitam o movimento. As crianças podem estar descalças ou de tênis, dependendo da proposta. A maior parte das sequências é indicada tanto para a criança pequena como para o adolescente. Há indicação de faixa etária para cada exercício, porém cabe ao educador adaptar a linguagem para cada indivíduo ou grupo.

Costumo realizar as atividades de consciência corporal em salas de aula ou outros ambientes internos. Estes, delimitados por paredes, permitem que as crianças estabeleçam as referências espaciais de frente, trás, lado esquerdo e direito do corpo com maior facilidade. Já os ambientes abertos, como parques e quadras esportivas, estimulam a exploração do espaço externo e das grandes distâncias. Algumas crianças podem se sentir perdidas e desorientadas nessas situações.

Acredito que o trabalho de consciência corporal aqui apresentado constrói referências que ajudam as crianças a se organizar motoramente, facilitando a exploração de ambientes amplos. As atividades devem ser inseridas na rotina pelo professor de sala.

Aos professores de educação física, dança, capoeira, judô, atividades de movimento e de esporte em geral sugiro que invistam igualmente na construção dos mapas do corpo com seus alunos – e que, com sua experiência, ajudem e incentivem os professores de sala a realizar essas atividades.

Para finalizar, repito uma regra fundamental sobre a aplicação dos exercícios: é importante que o condutor da atividade experimente em si, antecipadamente, as sequências que vai propor às crianças. A experiência do adulto permite que ele tenha maior controle sobre a situação, que ele transmita algo que viveu, que conheça as sensações que os pequenos vão experimentar.

A LINHA DO MEIO

A "LINHA DO meio" é a primeira referência construída no meu trabalho com os alunos. Trata-se de uma linha imaginária, representada na frente do corpo, que corresponde anatomicamente ao eixo central (linha sagital mediana), tendo papel fundamental na estruturação da coordenação motora.

Está presente desde a vida fetal, organiza o corpo do bebê que se enrola sobre si mesmo e dá à criança a noção de lateralidade ao delimitar lado esquerdo e lado direito.

Costumo *não* utilizar a expressão "a linha que divide o corpo" como referência, pois, ao contrário, ela tem a função de *integrar*, de reunir os dois lados. Ao mesmo tempo, permite identificar a frente do corpo.

Para uma ação coordenada, tanto na motricidade fina quanto na ampla, nos esportes ou na escrita, o corpo precisa se posicionar corretamente para que o gesto seja eficiente. Nesse sentido, as noções de frente do corpo e de eixo central são primordiais.

Porém, inúmeros adultos e crianças parecem não ter incorporado essa noção. Ao se posicionarem para uma atividade, como a escrita, colocam o corpo em torção, executando posturas desalinhadas e enviesadas.

Vejamos a seguir algumas atividades práticas com a linha do meio.

CONSTRUINDO A LINHA DO MEIO

Atividade indicada para crianças a partir de 4 anos.

As sequências a seguir podem ser realizadas na sala de aula ou em casa. Utilizamos fitas adesivas – como fita-crepe e micropore – e canetas hidrográficas atóxicas cuja tinta seja de fácil remoção.

Antes do uso da fita ou da caneta, sensibilizamos o trajeto da "linha do meio", deslizando a ponta dos dedos sobre o percurso.

1 A criança inicia o movimento partindo do centro da testa, deslizando a ponta dos dedos sobre a própria pele, no sentido descendente. Continua por entre as sobrancelhas, passando sobre o nariz e o queixo, seguindo logo para o pescoço em direção ao peito (osso esterno). Prossegue até o umbigo e de lá até a região púbica. A partir desse ponto, a linha prolonga-se na direção do chão numa linha imaginária que passa entre as duas pernas. A linha se inscreve num sentido descendente e de forma contínua. Repete-se algumas vezes esse trajeto. Durante a repetição, o adulto pede que a criança alinhe o corpo em torno dessa referência. O nariz deve estar na mesma linha que o umbigo. Essa atividade permite que a criança encontre o eixo central e organize a postura, corrigindo os desalinhamentos e as inclinações laterais da cabeça.

2 Num segundo momento marcamos o trajeto com as fitas e com as canetas. A fita é colada sobre a roupa, da gola da camiseta até a altura do púbis. Sobre o rosto, utilizar fitas é opcional. Nesse trajeto entre a testa e o final do pescoço (região da gola), desenhamos uma linha imaginária, com a ponta dos dedos sobre a pele.

3 Repetimos o trajeto com a ponta dos dedos, sobre a fita e sobre a linha imaginária, entre as pernas até o chão. O toque sobre a pele sensibiliza e desperta as informações que queremos transmitir. Torna-se um conceito concreto para a criança e para o adolescente. O movimento realizado pelas mãos reforça a representação no nível cortical.

ENROLAMENTO EM TORNO DA LINHA DO MEIO

Atividade indicada para todas as idades.

1 Em pé, a criança repete o desenho da "linha do meio" com a ponta dos dedos e simultaneamente inicia o movimento.

2 O movimento começa lentamente com o enrolamento da cabeça para a frente e para baixo. O queixo aproxima-se do peito, o olhar parte na direção do umbigo.

3 Num movimento contínuo, o tronco arredonda-se e os joelhos dobram.
4 O movimento termina com a criança tocando o chão com a ponta dos dedos e, em seguida, retornando à posição inicial.
5 Repete-se a sequência de três a quatro vezes.

É importante que a criança realize esse movimento de olhos abertos, para que possa alinhar o centro da testa e o umbigo no curso do movimento, tanto na ida quanto no retorno à posição inicial.

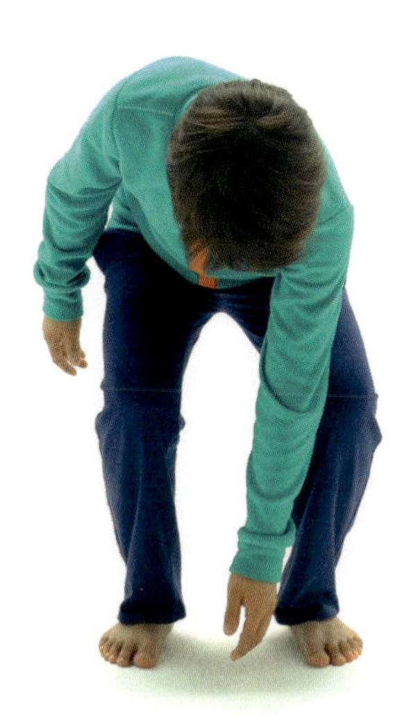

O DESPERTAR DA LATERALIDADE

A LATERALIDADE TEM importância capital na coordenação motora. Decorre da noção de que o corpo tem um eixo central e dois lados unidos em torno desse eixo. A "linha do meio" possibilita essa delimitação.

Tema complexo da psicomotricidade, a lateralidade vem sendo estudada pela neurociência e relacionada à capacidade de cognição, à aprendizagem e ao desenvolvimento afetivo e social da criança.

Em linhas gerais, diz respeito à utilização preferencial de um dos lados do corpo. No senso comum, tomamos a utilização da mão para definir se um sujeito é destro ou canhoto, porém tecnicamente essa classificação é mais complexa: depende da dominância manual, pedal, ocular e auditiva.

Uma criança pode escrever com uma mão e ter mais habilidade para chutar com o pé do lado oposto. Diversas combinações são possíveis.

Para muitos autores, a definição de uma mão preferencial ocorre entre 5 e 6 anos. Espera-se que por volta dos 7 anos esse sistema esteja amadurecido e, até os 9, plenamente definido. Segundo diversos levantamentos populacionais, 90% da população é destra; 10%, canhota e ambidestra.

O espaço tem influência na definição da lateralidade. Como vivemos em um mundo preferencialmente destro, muitas crianças são induzidas a utilizar com mais frequência a mão direita. Já os canhotos e ambidestros precisam fazer adaptações, nem sempre fáceis. A criança canhota ou ambidestra, por conta das inúmeras adaptações necessárias, enfrenta maiores dificuldades motoras e espaciais.

Cada criança deve ser acolhida e respeitada em sua particularidade quanto à lateralização. Os distúrbios motores da lateralidade têm sido associados a problemas espaciais, cognitivos, emocionais, sociais e posturais.

As atividades de lateralidade, com alternância de utilização de um lado e outro do corpo, associadas a ritmos diversos, aumentam a consciência corporal e o senso de orientação espacial.

TRANSFERÊNCIA LATERAL DO PESO DO CORPO

Atividade indicada para crianças a partir de 4 anos, devendo ser realizada simultaneamente pelo adulto e pela criança.

1 Pés paralelos e levemente separados. Deslocar o peso do corpo para a direita. Sentir o peso do corpo apoiado sobre o pé direito. Manter-se por cinco segundos nessa posição. Durante esse tempo de apoio unilateral, surge uma reação de crescimento e alongamento do mesmo lado.

2 Em seguida, o peso é transferido para o pé esquerdo. Pede-se que a criança sinta todo o lado esquerdo do corpo: o apoio do pé esquerdo no chão, a perna esquerda como pilar de sustentação; que sinta o lado esquerdo do tronco, do rosto, do ombro; que sinta a mão esquerda. Manter-se por cinco segundos nessa posição. Esses comandos ativam as sensações de cada lado do corpo. Repetir algumas vezes cada lado.

3 Pede-se que a criança transfira alternadamente o peso de um lado para o outro, de maneira dinâmica, permanecendo menos tempo em cada posição. Surge um balanço lateral, ritmado de apoios alternados, num pé e no outro.

4 Depois que a criança já consegue realizar a transferência mantendo o equilíbrio, podemos utilizar uma música de cadência mais lenta, como uma valsa ou outro ritmo bem marcado.

TRANSFERÊNCIA LATERAL COM ALONGAMENTO DO BRAÇO

Atividade indicada para crianças a partir de 5 anos.

1. Repete-se a sequência anterior de deslocamento lateral abrindo o braço para o mesmo lado do deslocamento.
2. Pede-se que a criança alongue o braço lateralmente e a mão e estique os dedos.
3. Na passagem de um lado para o outro, o braço desce.
4. Nessa alternância, surge uma "dança". Pode-se incluir o canto, música ou outra marcação de ritmo.

TRANSFERÊNCIA LATERAL NA POSIÇÃO SENTADA

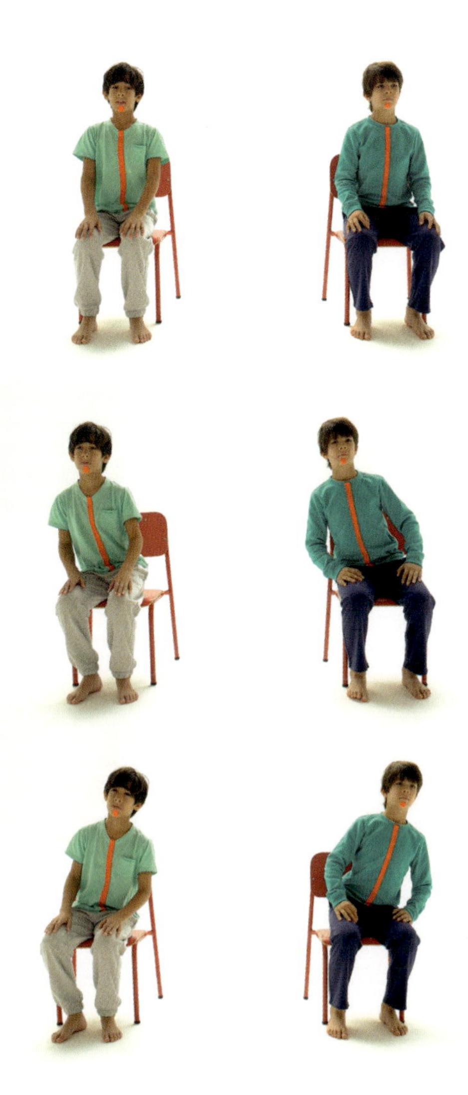

Atividade indicada para crianças a partir de 5 anos, devendo ser realizada simultaneamente pelo adulto.

1 Partindo da postura sentada, com as mãos apoiadas sobre as pernas e os pés apoiados no chão, a criança inicia o deslocamento para um lado e para o outro.

2 Nessa posição, a transferência de apoio ocorre sobre os ossos da bacia.
3 Inicialmente, podem-se realizar pausas de três segundos em cada lado e pouco a pouco reduzir o tempo das paradas, ganhando ritmo e cadência.
4 De tempos em tempos, é interessante recuperar a posição inicial, sentado com as mãos sobre as pernas. Nessas pausas, pede-se à criança que refaça o trajeto da "linha do meio" realizado com a ponta dos dedos.
5 Uma variação possível é realizar a transferência lateral com uma mão apoiada sobre o peito e a outra, sobre o umbigo. Pede-se que a criança sinta a parede anterior do tronco, formada pela região do peito e do abdome.

Essa simples sequência, realizada em poucos minutos dentro da sala de aula, permite que a criança e o adolescente despertem o corpo e reorganizem a postura sentada. O movimento também auxilia na renovação da atitude de atenção e concentração.

O MOVIMENTO EM TORÇÃO

O MOVIMENTO EM torção se utiliza de um complexo sistema muscular, que organiza o gesto e relaciona um lado com o outro do corpo, realizando uma torção. É o sistema cruzado. Para entender melhor, vamos começar com a torção da parte superior do corpo.

Em pé ou sentado, leve a mão esquerda como se ela fosse pegar um objeto que está à direita. A mão cruza pela frente do corpo. O tronco gira na direção do objeto. Surge uma torção no tronco. O mesmo vale para o outro lado: a mão direita cruza pela frente do corpo para pegar um objeto que está à esquerda, e o tronco gira para a esquerda.

A "linha do meio" funciona como um eixo sobre o qual o tronco gira para que a mão alcance o objeto.

Antes de partir para a atividade, o educador pode pedir à criança que experimente, onde quer que esteja, o simples gesto de pegar um objeto imaginário no lado oposto, repetindo o mesmo gesto com o outro lado.

O MOVIMENTO CRUZADO NOS TRÊS PLANOS DO ESPAÇO

Atividade indicada para crianças a partir de 6 anos.

Essa sequência utiliza a torção nos três planos do espaço: alto, médio e baixo.

A criança realiza o movimento de torção iniciando pelo plano alto: para um lado e para o outro. Em seguida, realiza as torções no plano médio, na altura do peito. Por fim, faz as torções no plano baixo – neste último caso, com os joelhos flexionados.

A LINHA DO HORIZONTE

Foto: André Trindade

Caminho de Santiago de Compostela, 2014.

AO OBSERVARMOS ALUNOS em uma sala de aula do ensino fundamental, do ensino médio ou até mesmo da educação infantil, notamos frequentemente a perda do alinhamento do eixo do corpo. Em casa não é diferente.

Quase sempre, ocorre a perda do eixo vertical e o desalinhamento da cabeça em relação ao tronco. A cabeça pende para um lado ou outro, aproximando-se de um dos ombros. Esse desvio lateral compromete toda a postura em pé ou sentada. Algumas crianças, quando sentadas, chegam a apoiar o rosto lateralmente sobre a mesa.

Nos mapas do corpo, buscamos as linhas imaginárias que estimulam o reflexo postural e organizam o corpo no espaço. Em nosso mapa, começamos

pela linha do meio, vertical e localizada na parte da frente do corpo. Agora proponho uma linha horizontal localizada fora do corpo. É a linha do horizonte. Olhar a linha do horizonte promove uma reação postural reflexa de verticalidade.

O leitor pode estar se perguntando: como encontrar essa linha dentro da sala de aula? Respondo: usando linhas imaginárias transpostas sobre referências concretas horizontais no espaço, como a linha do batente de portas e janelas, a linha inferior ou superior da lousa, a linha horizontal do tampo de uma mesa etc.

Tais linhas informam constantemente nosso cérebro sobre o espaço ao redor, e nossa postura é – ou deveria ser – corrigida de maneira reflexa e inconsciente, a cada instante. O cérebro precisa dessas referências. Quem nunca se incomodou com um quadro desalinhado na parede?

Esse processo neurológico que promove o reflexo postural e a verticalidade do corpo envolve o sistema vestibular e a visão fóvea.

Peço neste momento que o leitor experimente organizar-se na cadeira ou colocar-se em pé e observar o ambiente ao seu redor. Para tanto, será necessário utilizar-se de uma visão ampla, sem foco específico, como a que usamos quando estamos diante da linha do horizonte. A visão focada que converge em um ponto ou objeto em especial não nos interessa no momento.

Peço, então, que partindo da visão ampla o leitor identifique as diversas linhas horizontais. Os exercícios com as crianças se iniciam aí.

O BINÓCULO: VISÃO DE NAVEGADOR

Atividade indicada para todas as idades.

A prática é simples; a mímica nos ajuda.

1 Partindo do comando do adulto, a criança coloca-se em pé ao lado da carteira.

2 Em seguida, pede-se que segure nas mãos um binóculo imaginário, levando-o na direção dos olhos:

— Atenção, binóculo, visão de navegador!

3 Por alguns segundos, pede-se que o aluno percorra o ambiente com seu olhar de "navegador". À criança maior e ao adolescente, pode-se solicitar que identifiquem as linhas horizontais presentes no ambiente.

4 A partir daí, os braços e as mãos vão descrever um amplo movimento no espaço. O binóculo deixa de existir (conveniências do faz de conta) e os braços se estendem à frente, como se pudessem tocar a linha do horizonte. Nesse movimento de extensão dos braços à frente, as mãos e os braços encontram-se paralelos:

— Estendam os braços à frente!

5 Em seguida, as mãos se afastam e os braços se abrem, um para cada lado, e finalmente descem junto do corpo:

— Os braços se alongam juntos para a frente e em seguida se separam, abrindo um para cada lado, como se fossem empurrar o ar, e descem, acomodando-se junto do corpo.

6 Repete-se a sequência três ou quatro vezes.

7 Pede-se à criança que sente na cadeira e observe o posicionamento da cabeça e do pescoço alinhados verticalmente em relação ao tronco e ao espaço.

É importante lembrar que a utilização de imagens como o binóculo e o navegador, aliada à mímica, promove um registro na memória e na consciência corporal que pode nos acompanhar por toda a vida.

É possível adaptar a sequência para os adolescentes:

— Imaginem que vocês têm um binóculo nas mãos e vão procurar na sala todas as linhas horizontais.

— Agora alonguem os braços para a frente. Observem as mãos se distanciando do corpo.

— Abram os braços para os lados num amplo movimento.

— Desçam os braços ao lado do corpo.

— Agora, sintam a verticalidade do eixo do corpo.

Ao final da atividade, peço que os alunos reproduzam as posturas erradas de inclinação do pescoço e da cabeça e observem como, nessa posição, os olhos perdem o alinhamento em relação à linha do horizonte. De forma lúdica, podemos fazer a caricatura das piores posturas e, em seguida, partir para o realinhamento do olhar e o reposicionamento do eixo do corpo, na cadeira ou em pé. Dessa forma, crianças e adolescentes aprendem o caminho da autocorreção postural.

É importante encerrar a atividade explicando o que foi vivido, ou seja, esclarecendo que se trata de um trabalho sobre a postura em que cada

um pode encontrar o próprio eixo, organizando-se em uma linha "reta" em torno da qual pode se movimentar com liberdade. Lembrar que a cabeça não deve "cair" para o lado e ficar ali esquecida por muito tempo.

Depois de toda essa experiência, espero que o leitor e as crianças, sempre que estiverem diante de paisagens que ofereçam a linha do horizonte, respirem fundo, posicionem o corpo e aproveitem para encontrar a organização do eixo vertical.

O CÍRCULO ENTRE O OLHAR E AS MÃOS

ATÉ O PRESENTE momento, em "Mapas do corpo", construímos a linha do meio, a transferência lateral e a linha do horizonte. Passaremos agora à linha do círculo entre o olhar e as mãos.

Quando as mãos partem uma em direção à outra, forma-se um anel circular que reúne o tronco, os ombros, os braços, os cotovelos, os antebraços, os punhos e as mãos.

O mesmo ocorre quando as duas mãos partem, simultaneamente, na direção de um objeto – como quando a criança empurra um carrinho ou segura um vaso com as duas mãos. Nessas ações simétricas, utilizando os braços e as mãos, a criança consegue alcançar maior força e estabilidade para o gesto. Essa estrutura funcional do corpo é chamada de cintura escapular.

A forma circular serve de base para as infinitas possibilidades do movimento humano. Aqui, vamos chamá-la de círculo entre o olhar e as mãos.

Desde a vida intrauterina, o feto explora o toque de uma mão em relação à outra. Quando o bebê consegue segurar um objeto com as mãos e já tem algum controle dos braços, passa a aproximar ou distanciar o objeto dos olhos. Flexiona os cotovelos para aproximar o objeto do olhar ou estende os braços para distanciá-lo. O círculo se fecha ou se abre quando ele aproxima ou afasta o objeto, mas a representação do gesto será sempre circular. Inicia-se assim uma coordenação refinada, que associa as mãos, o olhar e o objeto.

> O objeto é trazido para a frente, numa posição central, suficientemente distante para que a coordenação entre olhos e mãos se estabeleça. O foco visual é garantido ao mesmo tempo pela musculatura dos olhos e pelas alavancas dos braços que garantem o posicionamento adequado, distanciando ou aproximando o objeto do olhar. (Piret, 1975)

A coordenação humana que relaciona mãos e olhar ocorre na frente do corpo, criando um campo anterior de ação. A representação do campo anterior está presente tanto na motricidade fina – no gesto minucioso, no desenho – como na motricidade ampla.

O FILHOTE, O AMIGO, A ÁRVORE

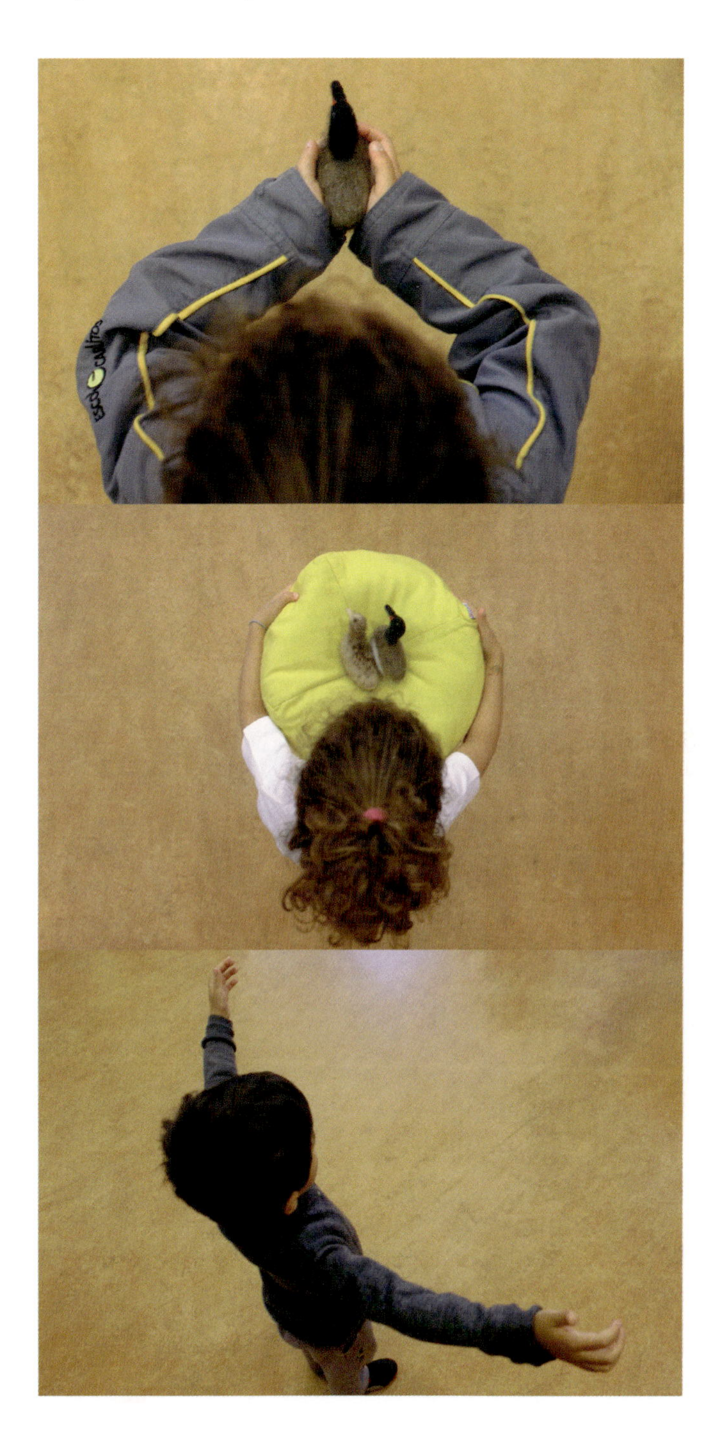

Pede-se que a criança imagine e represente com gestos as seguintes ações:

1 Pegar um filhote de passarinho com as duas mãos e trazê-lo perto do olhar.
2 Abraçar um amigo (na foto, representado pelo ninho).
3 Abraçar o tronco de uma árvore gigantesca. Nessa ação o círculo não se fecha; as duas mãos não são capazes de se encontrar.

São três amplitudes diferentes para o mesmo gesto, todas circulares, formando um campo de ação anterior.

Gravura de Carl Friedrich Philipp von Martius, 1856

A ORGANIZAÇÃO DA CINTURA ESCAPULAR E DOS MEMBROS SUPERIORES

Toda ação coordenada das mãos na frente do olhar acontece a partir da organização e do posicionamento dos ombros e dos braços. Para que isso ocorra, é preciso estabilizar a cintura escapular. Os ombros devem descer na direção da bacia. A fixação da escápula para baixo dá liberdade de movimento aos braços e às mãos.

Para que as mãos se organizem uma em direção à outra, os cotovelos se abrem, os braços se flexionam e as mãos se aproximam. É importante que o eixo vertical se mantenha alinhado. Essa estrutura de base serve tanto para as ações realizadas com as duas mãos quanto para aquelas nas quais se utiliza apenas uma mão; tanto na motricidade fina (escrita, por exemplo) quanto na ampla (como nos esportes e na dança).

No movimento descoordenado, os ombros se elevam e os cotovelos se fecham.

A incoordenação na escrita: ombro elevado, cotovelo junto do corpo, lateralização da cabeça.

As correções posturais e a consciência do círculo entre o olhar e as mãos são muito importantes na sala de aula. Apresento a seguir atividades que ensinam às crianças essa organização.

MÍMICA DA POSTURA ERRADA E DA POSTURA CERTA

O trabalho de conscientização ganha um aspecto lúdico quando reproduzimos, por meio de mímicas, as posturas erradas e as certas. Nas posturas erradas, as crianças elevam os ombros, aproximando-os das orelhas, fecham os cotovelos, mantendo-os "colados" ao tronco, e experimentam utilizar as mãos nessa posição de incoordenação.

Em seguida, reorganizamos os braços, os cotovelos e as mãos sobre a mesa, como veremos a seguir.

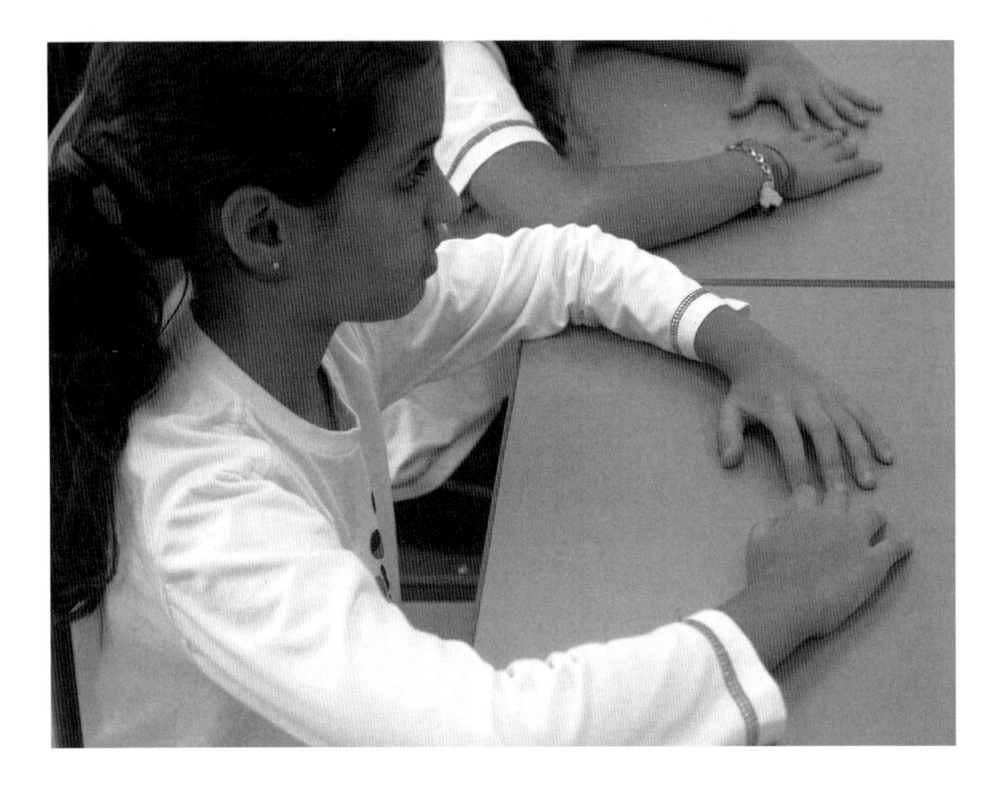

DESENHO NO PAPEL E NO CORPO

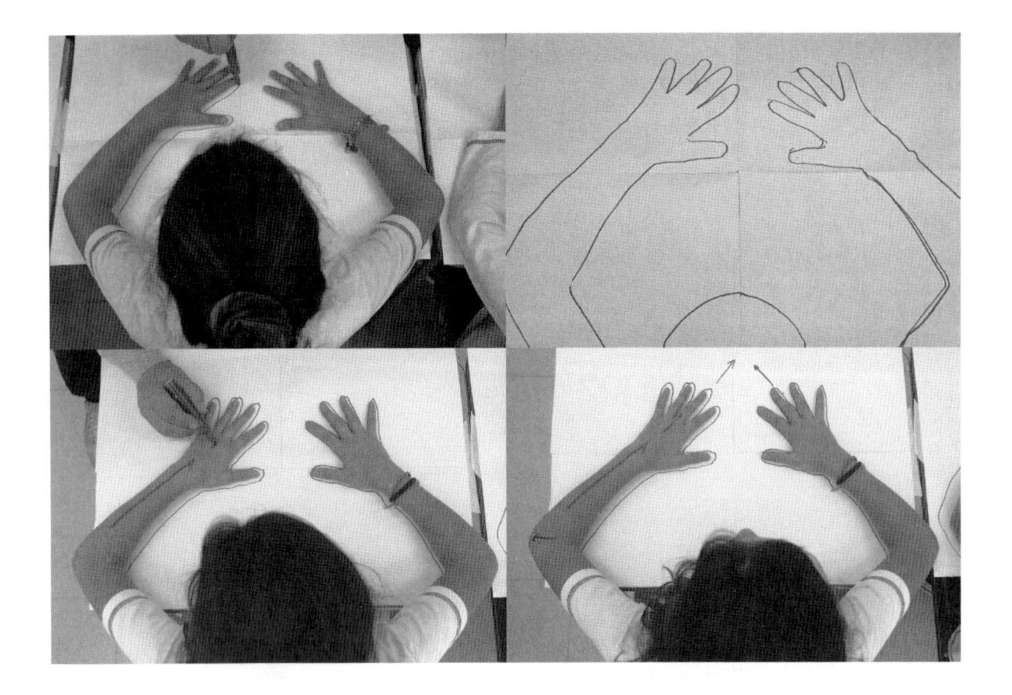

Atividade indicada para crianças a partir dos 6 anos.

1. Colar com fita adesiva quatro folhas de sulfite tamanho A4.
2. Fixar as folhas unidas sobre a mesa.
3. Posicionar as crianças com as devidas correções.
4. Traçar o contorno dos braços e da cabeça.
5. A criança retira os braços e observa o desenho.
6. A criança volta a apoiar as mãos sobre o papel.
7. O professor marca setas sobre o corpo, indicando as direções: cotovelos para fora, antebraços alinhados na mesma direção do dedo médio.
8. Pode-se finalizar a atividade com a criança colorindo o próprio desenho.

INTEGRAÇÃO DA CINTURA ESCAPULAR E DAS MÃOS

Ombros para baixo; cotovelos flexionados; pontas dos cotovelos para fora; antebraços paralelos ao chão; mãos no prolongamento dos antebraços; palmas das mãos em abóbada. Manutenção do eixo vertical.

O aluno experimenta a posição de coordenação da cintura escapular e dos membros superiores, integrando todos os comandos.

MÃOS E IDENTIDADE

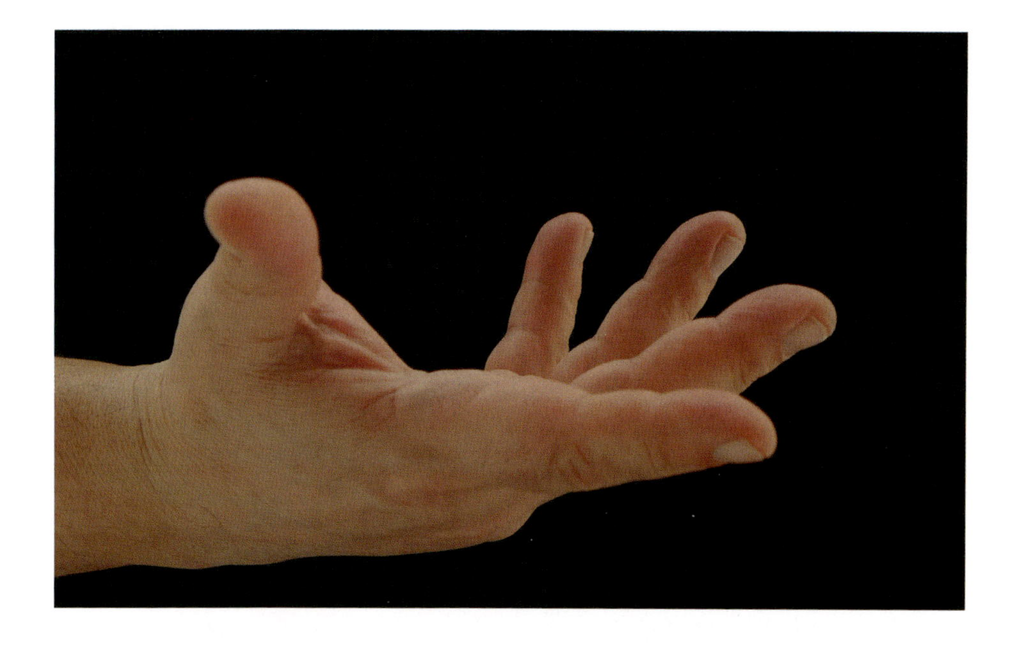

O privilégio da linguagem, jamais o teríamos, sem dúvida, se os nossos lábios tivessem de assegurar, para as necessidades do corpo, a carga pesada e penosa da alimentação. Mas as mãos chamaram a si esse cargo e libertaram a boca para o serviço da palavra.

(Gregório de Nisa, 379 d.C. [1983])

É com a mão, assim como com a palavra, o olhar e a mímica, que o homem exprime seu pensamento com maior precisão.

(Piret e Béziers, 1992, p. 109)

A mão é uma das estruturas mais complexas do corpo humano. Ocupa um grande espaço de representação no córtex cerebral, estando mais da metade do córtex motor primário relacionada com o controle dos músculos das mãos e da fala. Tem relação direta com o desenvolvimento da linguagem e do pensamento da criança. Entre as principais funções da mão estão a preensão e a expressão.

As ações das mãos, em geral, acontecem na frente do olhar. Vemos nossas mãos o tempo todo – mais do que a imagem do próprio rosto no espelho.

No jogo de mímica, em que uma criança se coloca atrás da outra e gesticula com os braços e mãos como se fosse a outra, acontece uma reação de estranhamento. Temos dificuldade de integrar a imagem de uma pessoa com as mãos de outra. Esse estranhamento acontece tanto para quem está assistindo de fora quanto para aquele que observa a mão do outro como se fosse a sua.

Um bom jogo de mímica para brincar com as crianças: uma fala, a outra gesticula.

As mãos estão intimamente relacionadas com a identidade. A criança se reconhece durante suas ações: "Eu sou (este) capaz de desenhar, recortar, colorir, construir, modificar o mundo à minha volta". O "saber fazer com as mãos" traz segurança, potência e autonomia. A criança se fortalece com essas conquistas. Por outro lado, aqueles que têm dificuldade de realizar ações manuais podem se sentir inseguros e incompetentes. Em geral, ficam envergonhados por não conseguir realizar tais gestos.

Na medida em que as ações manuais vão se tornando cada vez mais complexas, é comum a criança alternar os estados de potência diante das conquistas com estados de insegurança e impotência diante das dificuldades. É preciso ajudá-las a compreender que essas são condições passageiras e situações transitórias de identidade.

É interessante, também, observar como as crianças e os adolescentes se expressam com as mãos. Encontraremos nos introvertidos o gesto de "escondê-las" atrás do corpo e dentro dos bolsos, contendo os movimentos de contato e exploração.

Já os extrovertidos apresentam gestos expansivos com as mãos, gesticulando para expressar ideias e pensamentos. Podem também exagerar, mexendo em tudo, chegando a arrancar objetos das mãos de outras pessoas.

A mão é certamente o melhor meio de iniciar um contato. Estender as mãos para cumprimentar crianças e adolescentes é uma forma de comunicação efetiva, que se dá por meio da linguagem corporal. Particularmente, prefiro o gesto formal de cumprimentar, no qual as palmas das mãos se encontram. Considero válidas também as outras formas de cumprimento, como as inspiradas nos jogadores de basquete americanos, compostas por sequências de toques.

No contato mão com mão extraímos informações sobre as outras pessoas e sobre nós mesmos, como força (algumas pessoas apertam forte demais, outras de maneira muito leve); o estado de tensão ou de relaxamento; a temperatura; se a mão está suando etc.

A mão expressa sentimentos. O toque amoroso e o carinho permitem que o indivíduo reconheça sua potência afetiva: "Eu sou (este) capaz de tocar e amar". Já os gestos agressivos, que a criança precisa aprender a conter, também representam a expressão de sentimentos: "Eu sou (este) capaz de destruir e magoar".

O gesto agressivo é uma forma de contato bastante utilizada por crianças e adolescentes. Esse tipo de contato parte, muitas vezes, de brincadeiras, podendo chegar a situações graves de violência. Penso que nós, adultos, devemos oferecer alternativas e repertórios de contato corpo a corpo, a fim de criar outros padrões.

Em minha experiência, observo que as massagens e as propostas de toque e contato corporal apresentadas neste livro são caminhos efetivos para a diminuição da violência entre os jovens e o enriquecimento de padrões de contato.

MAPAS DAS MÃOS

Nos "Mapas do corpo", a mão será observada como uma estrutura esférica. Não é senso comum imaginar a mão assim, mas basta nos colocarmos em pé, com os braços relaxados ao longo do corpo, para percebermos a concavidade da palma da mão. A forma de esfera também aparece quando apoiamos a mão sobre a superfície plana de uma mesa.

A esfericidade é construída por um sistema de arcos integrados, que compõem a abóbada da palma da mão, o que permite a boa coordenação motora desse membro.

A esfericidade da mão

A seguir, apresento sugestões de atividades para o reconhecimento da mão como esfera. Para realizá-las, utilizaremos canetas hidrográficas atóxicas.

O ANEL PALMAR

A mão organiza-se em torno de um círculo formado por músculos, tendões e aponeuroses chamado de anel palmar. O centro da mão corresponde ao centro desse anel.

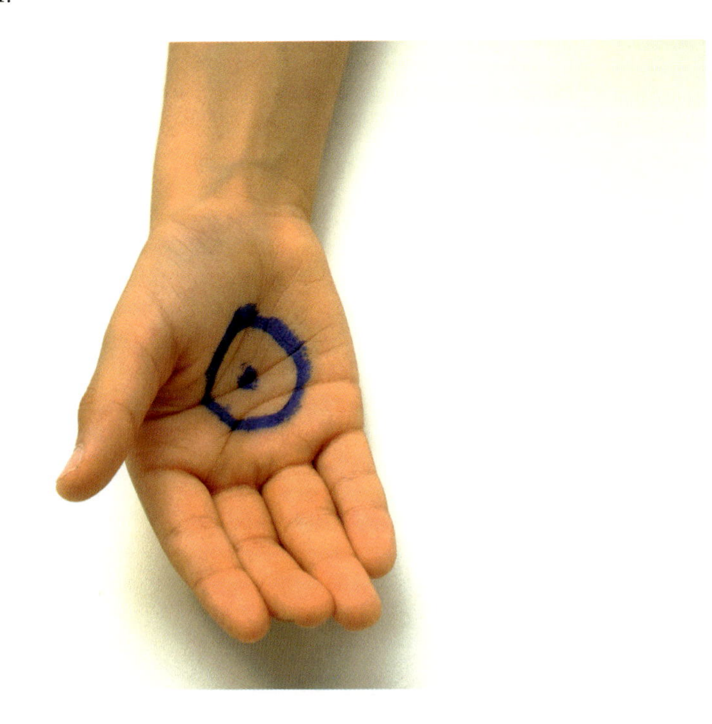

Atividade indicada para crianças a partir dos 5 anos.

1. Começamos desenhando o círculo sobre a pele da palma da mão.
2. Marcamos o centro do círculo com um ponto que representa o centro da mão.
3. O desenho do círculo com o ponto permite à criança experimentar a concavidade da palma e descobrir o centro da mão. A consciência do centro será fundamental para a construção posterior da pinça. Sugere-se

que a criança represente, com mímica, o gesto de beber água com uma mão ou com as duas mãos juntas, na forma de uma cuia. Em ambas as situações o movimento propicia a exploração da concavidade.

4 Uma imagem metafórica que pode ser utilizada é a da mão como uma concha do mar. Pede-se a mímica da concha com a palma da mão. Mais fechada ou mais aberta, é a "conchinha da mão".

5 Massagem com o polegar: a criança apoia o polegar de uma das mãos no centro do anel palmar e realiza uma pressão a fim de aumentar a abóbada da mão. Repete-se a atividade com o outro lado.

6 Ao final, a criança apoia a mão sobre a superfície plana de uma mesa e observa que, mesmo em posição de relaxamento, a mão mantém sua concavidade. Nota também que o desenho do ponto no centro da palma não encosta na mesa.

A esfericidade da mão tem como suporte dois arcos dinâmicos e um estático. Aqui, vamos nos concentrar nos arcos dinâmicos.

O PRIMEIRO ARCO DINÂMICO DA MÃO

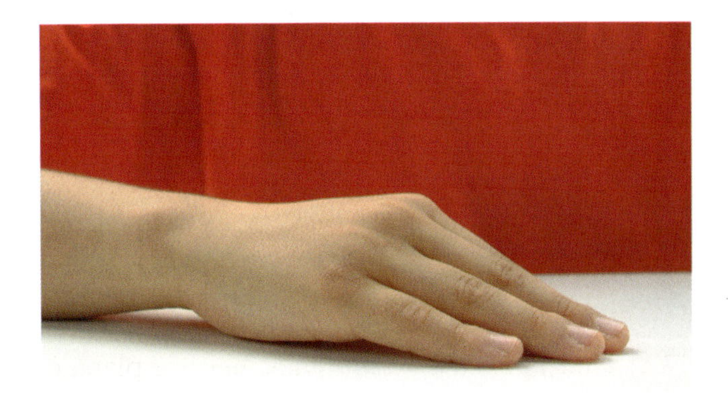

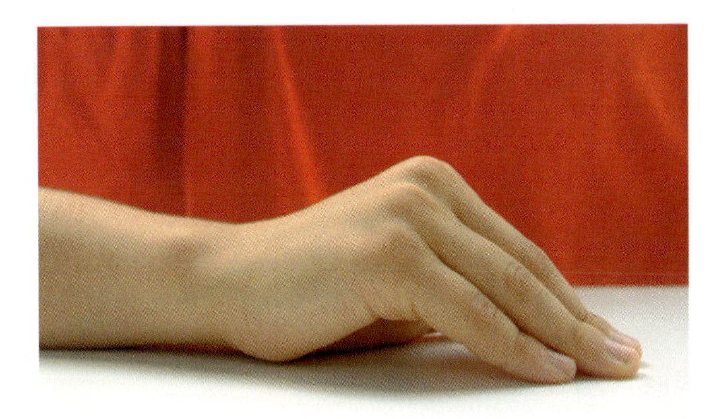

A primeira linha apresentada às crianças e aos adolescentes é aquela composta pelo arco formado entre o punho e as pontas dos dedos. O arco aumenta ou diminui a concavidade da palma de acordo com os movimentos da mão.

1 A criança está sentada em frente a uma mesa, com as mãos e os antebraços apoiados sobre o tampo. Os punhos estão em contato com a superfície da mesa.

2 A criança experimenta alongar os dedos diminuindo o arco e em seguida recua os dedos, aumentando o arco.

O SEGUNDO ARCO DINÂMICO DA MÃO

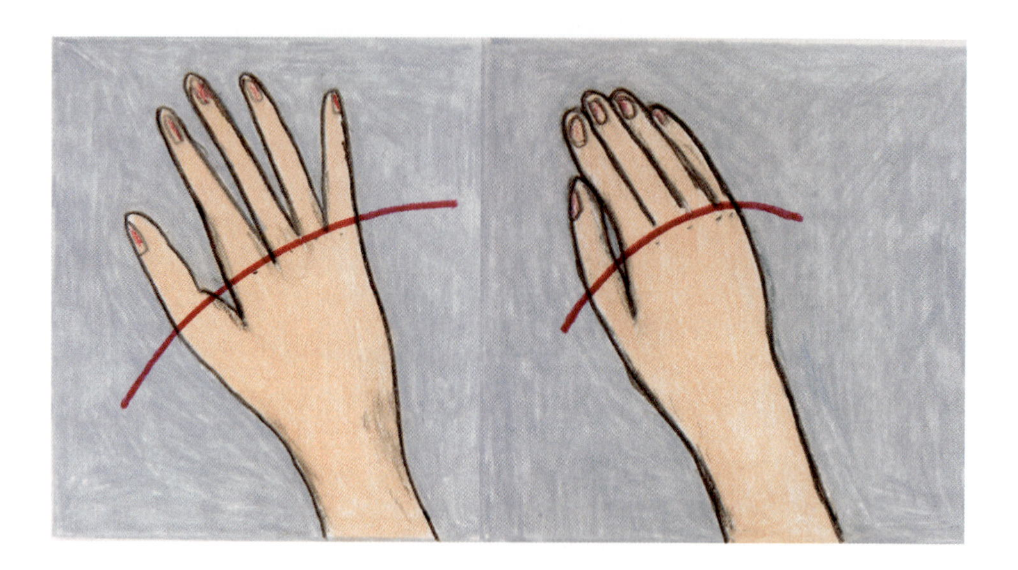

A segunda linha se inscreve sobre o arco formado entre o polegar e o dedo mínimo na região dos metacarpos. O movimento que constrói esse arco é o de afastamento entre o polegar e o dedo mínimo. Trata-se de um movimento de oposição. A mão se alarga à medida que a oposição acontece e se estreita quando os dedos se aproximam.

ATIVIDADE COM O ELÁSTICO

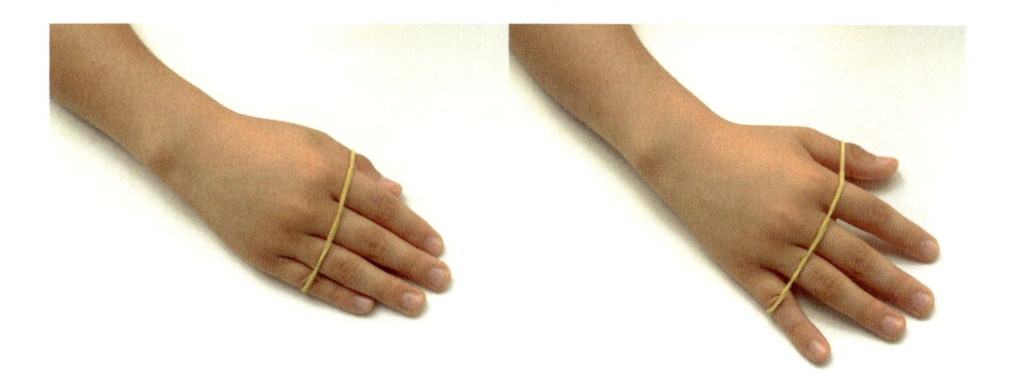

Atividade indicada para crianças a partir dos 6 anos.

1 Para estimular a oposição entre os dedos, utilizamos um elástico comum ou de cabelo. A criança "veste" o elástico na mão; todos os dedos se aproximam pela tensão do material. Num movimento de expansão e alargamento, o polegar e o dedo mínimo se afastam, formando o arco. A criança repete algumas vezes o movimento de aproximar e afastar os dedos mantendo o elástico na mão.
2 Para finalizar, o elástico é retirado, a criança fica em pé, com os braços soltos ao longo do tronco, fecha os olhos e observa as sensações em torno da mão.

Entre as percepções observadas depois do exercício é comum o relato da sensação da presença das mãos, de sua forma côncava e do aumento da circulação sanguínea.

O PUNHO

A posição do punho afeta significativamente a função da motricidade fina da mão. Entre as funções de maior complexidade na vida da criança está a aquisição da letra cursiva.

Em geral, as crianças com dificuldades na escrita têm problemas na coordenação motora da mão. Até aqui, iniciamos a reorganização do membro superior pelo alinhamento do eixo central do corpo, do posicionamento dos ombros, dos cotovelos e da construção da esfericidade e dos arcos das mãos. Agora, observaremos o posicionamento do punho.

O ato da escrita requer o movimento de preensão para segurar o lápis. Para fazê-lo, a criança precisa fechar as mãos e flexionar os dedos. A fim de que isso ocorra de forma harmoniosa, o punho deve estar alinhado com o antebraço e em leve posição de extensão.

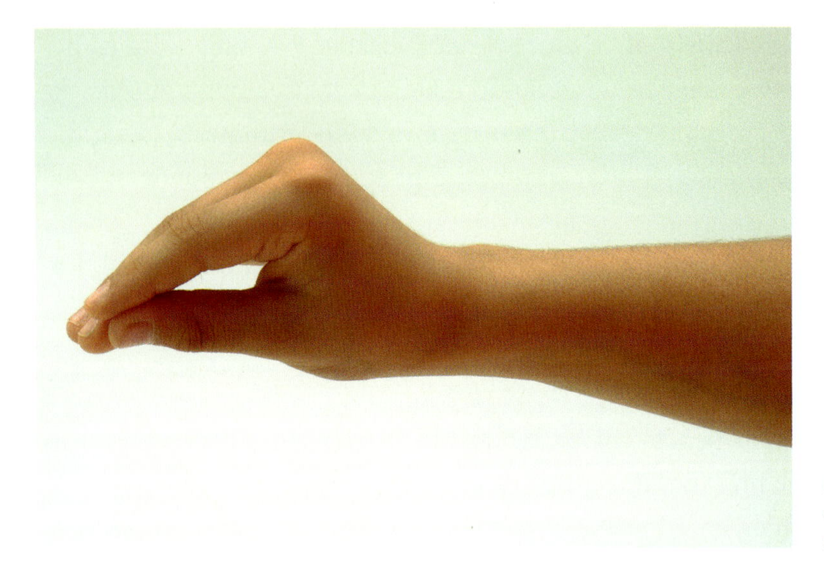

Movimento de extensão do punho.

Porém, nem sempre o gesto da escrita ocorre de maneira coordenada. Algumas crianças perdem a organização do punho e invertem seu posicionamento, mantendo-o em flexão.

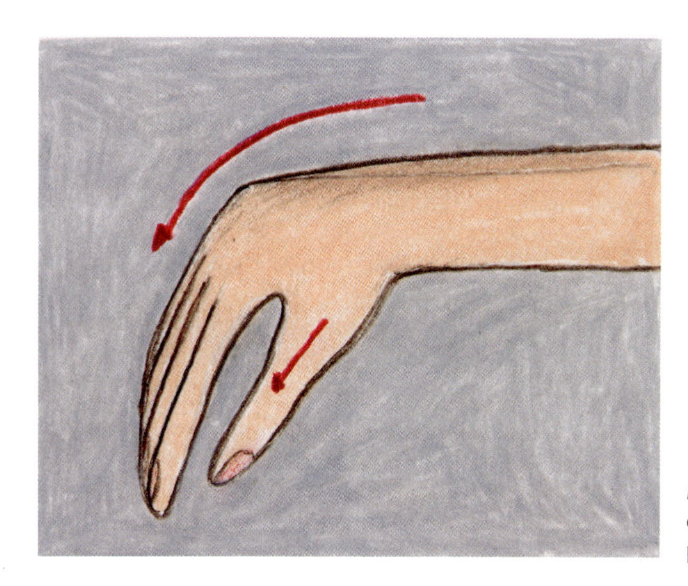

Movimento de flexão do punho.

Essa posição de incoordenação faz que haja maior gasto muscular, maior esforço e pior desempenho na tarefa. Quase sempre essas crianças queixam-se de dores na mão e na região do punho.

Muitas vezes, o canhoto adota essa postura para que possa enxergar a própria escrita. No caso do canhoto, será necessária a adaptação no posicionamento do papel numa inclinação de cerca de 45 graus para a direita.

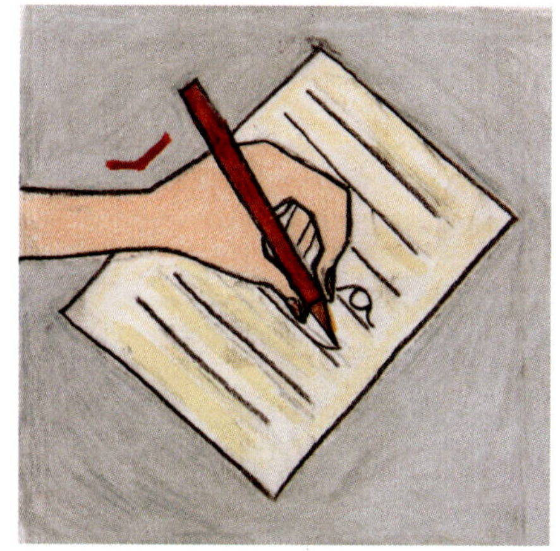

A seguir, proponho atividades para reorganizar a posição em coordenação partindo do movimento de extensão do punho.

O JOGO DE VAIVÉM

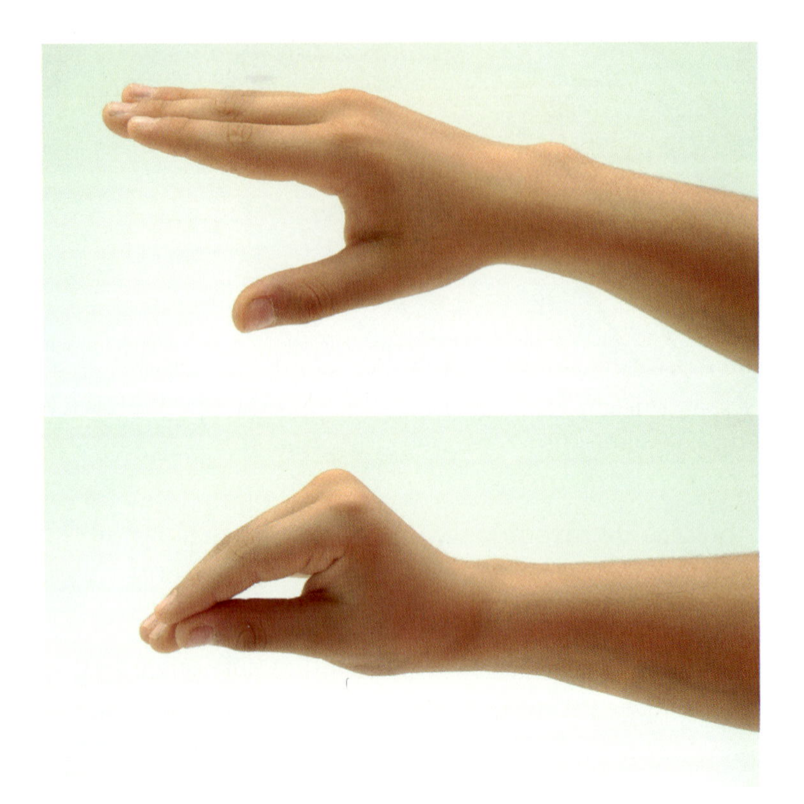

Num jogo de vaivém, a criança alonga os dedos alinhados com o antebraço e em seguida recua os dedos até encontrarem o polegar. No recolhimento dos dedos, o punho entra em posição de extensão. Repete-se algumas vezes.

JOGO DE EQUILÍBRIO DO LÁPIS

Atividade indicada para crianças a partir dos 6 anos.

1 A criança é convidada a equilibrar um lápis sobre o punho em extensão. Esse exercício pode ser um bom desafio de equilíbrio e coordenação. O aluno deve fazer um lado de cada vez.

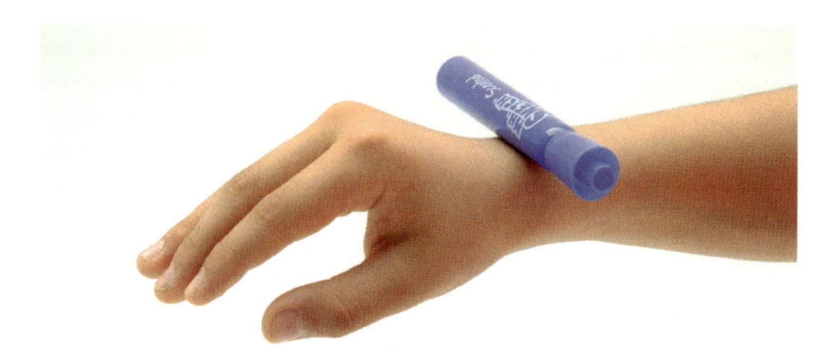

2 Quando a criança apresentar melhor domínio e controle de equilíbrio, sugere-se que ela caminhe livremente pelo espaço mantendo o lápis equilibrado no punho. Observação: o cotovelo deve estar aberto e flexionado; o ombro, encaixado para baixo.

A FORMAÇÃO DA PINÇA

A preensão, como ato reflexo, está presente desde a vida fetal e torna-se movimento voluntário em torno de 3 a 4 meses de idade. Desse momento em diante, o bebê experimenta várias possibilidades de preensão explorando os objetos ao seu redor. Os movimentos tornam-se cada vez mais complexos. A pinça superior, que relaciona o polegar e o indicador, forma-se a partir dos 9 meses.

Com a aquisição da marcha, a mão ganha liberdade para explorar o ambiente e adquirir habilidades mais complexas. É em torno dos 8 anos que a criança apresenta todas as capacidades motoras desenvolvidas para a escrita.

O MOVIMENTO DE AVANÇO DO POLEGAR E RECUO DOS DEDOS

1 Partindo da posição neutra, na qual a mão se encontra alinhada com o antebraço, a criança realiza um movimento simultâneo de projetar o polegar para a frente e recuar os dedos. O objetivo é sentir o anel palmar como centro desse movimento. O punho posiciona-se em extensão. Repete-se algumas vezes o movimento.

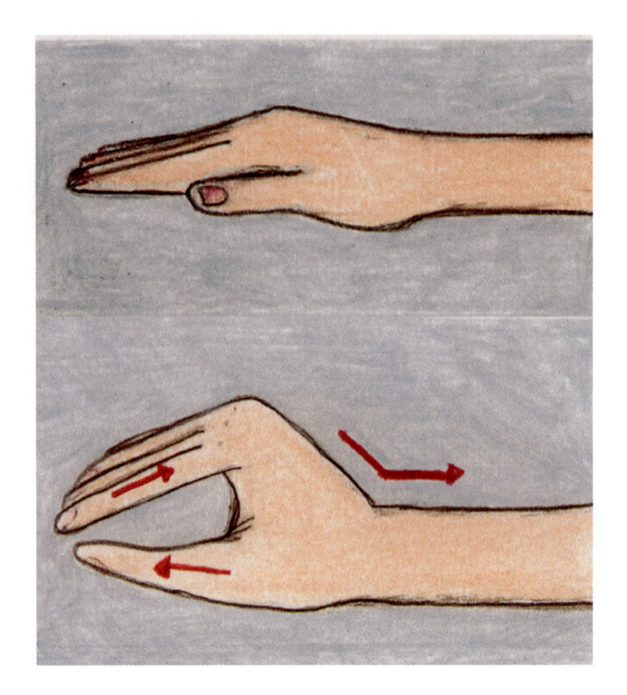

2 Partindo da posição anterior, a criança coloca um lápis entre o polegar, o indicador e o dedo médio. Esses três dedos ficam ativos, enquanto o anular e o mínimo são recolhidos na direção do centro da mão.

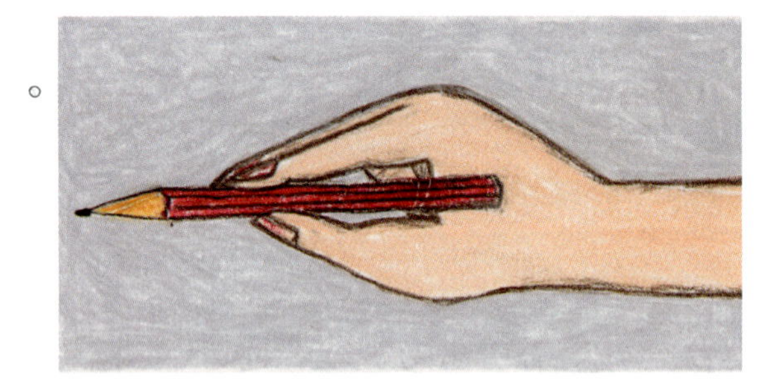

3 Partindo dessa posição de pega do lápis, a criança aproxima o lápis do papel. O antebraço é apoiado lateralmente na mesa. O apoio da mão segue a mesma direção do antebraço, e pousa-se o bordo externo da mão sobre o papel.

4 A criança mantém o contato da ponta dos dedos indicador e polegar sobre o lápis.

Acima, observamos o movimento da pega do lápis em posição de coordenação.

A AQUISIÇÃO DA ESCRITA

Todas as orientações até aqui apresentadas têm por objetivo facilitar a atividade da escrita e do desenho, bem como de toda a atividade gráfica da criança.

Em geral, o momento da aquisição da letra cursiva causa grande expectativa na criança, nos pais e nos professores. Por vezes, a criança apresenta aumento da tensão muscular dos ombros, dos braços e das mãos. A tensão emocional acaba por interferir na coordenação dos movimentos necessários para a realização dessa tarefa. É preciso ter calma nessa hora e ajudar a criança a organizar-se durante a atividade: começar pelas orientações sobre a postura sentada e sobre o posicionamento do corpo –

de frente para a ação –, seguidas da descida dos ombros e dos ajustes no cotovelo e no punho.

Todas as atividades propostas devem manter o caráter lúdico e prazeroso da experimentação e da descoberta. Não é minha intenção que esses padrões coordenados se tornem regras rígidas, estabelecendo "certo" e "errado". De maneira nenhuma a criança deve ser forçada a qualquer tipo de correção.

É preciso garantir o sentido fundamental da escrita e do desenho, que é o da expressão. O que se busca aqui são o conforto e a facilitação.

A POSTURA ERETA

Em "Mapas do corpo" iniciamos a organização da postura em pé pela organização dos membros inferiores. Na imagem acima, notamos a relação direta entre o posicionamento dos joelhos e a postura do tronco. Assim, a boa postura do tronco e da coluna vertebral na postura em pé depende do bom posicionamento das articulações dos joelhos, dos tornozelos e dos quadris.

É comum que crianças e adolescentes hiperestendam os joelhos. Isso quer dizer que muitos deles esticam essa articulação além do limite fisiológico. É bom lembrar que muitos adultos também assumem essa postura.

A FLEXIBILIZAÇÃO DOS JOELHOS

Nas diversas situações em que a criança se encontra parada na postura em pé, como nas filas, aguardando o elevador e no ponto de ônibus, entre outras, ela tende a adotar a posição de hiperextensão dos joelhos. Tal postura é prejudicial tanto para os joelhos quanto para a organização da postura ereta.

Costumo estabelecer com meus alunos um código, uma palavra de comando que os ajuda a relembrar a importância de retomar a posição saudável, flexibilizando os joelhos: "tique-ti-tique". Trata-se de micromovimentos de flexão e extensão para destravar a articulação.

TIQUE-TI-TIQUE: BALANÇO DO CORPO

Atividade indicada para todas as idades, ajuda a ativar os reflexos posturais antigravitários e, portanto, a manter a boa postura em pé.

Trata-se de um movimento simples de balanço realizado com pequenas flexões dos joelhos. Simples de fazer, difícil de descrever. Por esse motivo, disponibilizo um vídeo dessa atividade em meu site (www.mapasdocorpo.com.br).

Iniciamos essa brincadeira rítmica pedindo às crianças que se organizem na postura em pé, mantendo pés e joelhos paralelos.

1. Utilizando a imaginação e a mímica, peço que as crianças "passem cola" na planta dos pés e os mantenham "colados" no chão durante o exercício.
2. Com os pés fixos no chão, inicia-se um movimento pequeno e ritmado de flexão dos joelhos.
3. O movimento acontece no sentido antigravitário: o impulso do corpo é para cima.
4. O ritmo vai se acelerando, tornando-se quase uma vibração.

A POSIÇÃO DOS PÉS

A posição dos pés também tem grande influência na postura ereta, pois eles constituem uma base fundamental de sustentação. Quando estamos em pé, nem sempre temos consciência da posição e dos apoios dos pés no chão.

Há inúmeras formas de apoiar os pés no chão na postura ereta. Para as crianças, apresentaremos três posições: a posição na qual os pés se encontram alinhados paralelamente; aquela em que os pés estão rodados para dentro; e aquela na qual os pés encontram-se rodados para fora.

A posição com os pés paralelos e ligeiramente afastados é a ideal, pois permite uma distribuição homogênea do peso do corpo sobre os pés.

Num segundo modelo apresentado às crianças, os pés rodam para dentro. Nessa posição, os joelhos se desalinham e podem chegar a se tocar, causando prejuízos à postura ereta.

Num terceiro modelo, os pés rodam para fora, causando o desalinhamento da postura.

Na figura, os pés encontram-se em posição de alinhamento, ou seja, paralelos.

Pés voltados para dentro.

Pés rodados para fora.

ALINHAMENTO DOS PÉS E DOS JOELHOS

Imagem da ação dinâmica dos joelhos durante o exercício do tique-taque.

Na figura acima, os pés encontram-se alinhados paralelamente e os joelhos seguem o mesmo alinhamento. Essa é a postura que serve de base para o bom posicionamento em pé.

Costumo pedir para os alunos que exagerem as posturas de rodar os pés e os joelhos para dentro e para fora e, em seguida, encontrem o alinhamento paralelo. Esse pode ser um jogo divertido e rítmico, realizado com ou sem música, que cria parâmetros para que o aluno encontre a posição neutra.

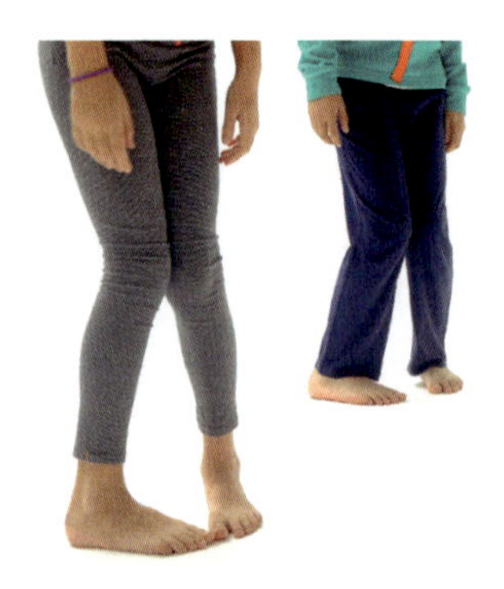

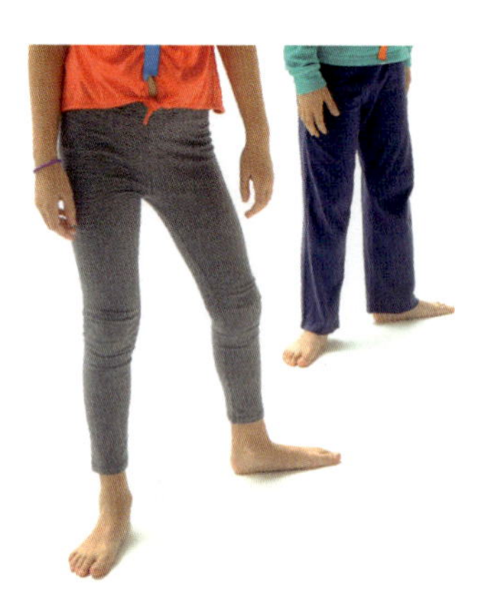

Pés para dentro, pés para fora, pés paralelos; pés para dentro, pés para fora, pés paralelos; pés para dentro, pés para fora, pés paralelos.

ATIVIDADE COM AS FITAS

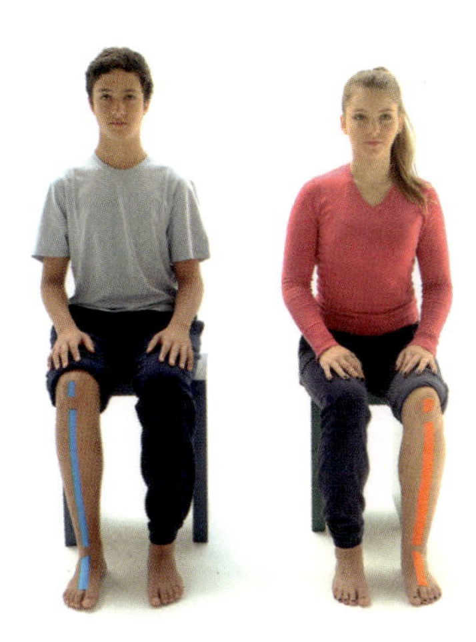

O alinhamento dos pés e dos joelhos se dá tanto na postura em pé quanto na postura sentada.

Pode-se estabelecer uma linha imaginária que percorre um trajeto entre o centro da patela (osso do joelho), a tíbia (osso da canela) e o pé. Marcamos esse trajeto com fitas adesivas ou canetas hidrográficas.

Essa atividade cria uma referência de organização do membro inferior e reforça a informação de alinhamento das pernas.

1. O aluno desliza os dedos sobre as saliências do osso da tíbia, de cima abaixo, do joelho ao tornozelo.
2. Com a ajuda do adulto ou de outra criança, ele marca o trajeto sobre a pele, colando a fita ou desenhando a linha, conforme a foto acima.
3. Em seguida, a linha é prolongada sobre o peito do pé até o intervalo entre o segundo e o terceiro dedos.
4. Partindo dessa referência construída, o aluno pode caminhar pela sala mantendo o alinhamento dos pés e dos joelhos.

A POSIÇÃO DA PELVE

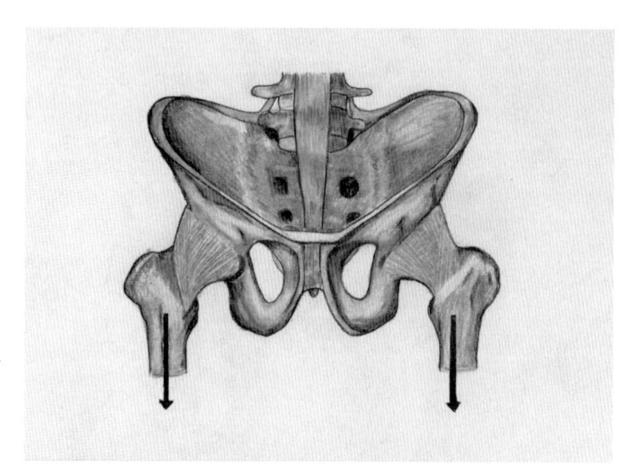

A imagem acima representa a pelve de um adulto, mas serve de referência para o trabalho com a criança.

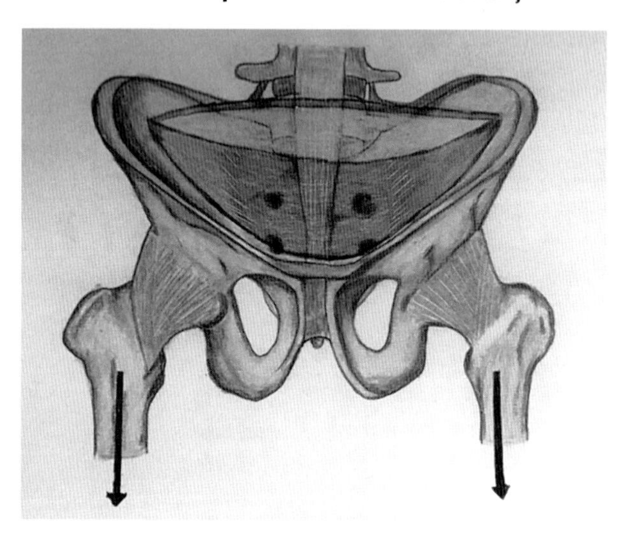

A pelve é uma estrutura central no nosso corpo. Ter consciência dela é fundamental para as posturas em pé e sentada. Na postura em pé, a pelve recebe o peso do tronco e o transmite para as pernas até os pés.

Por ter forma circular e côncava, é também chamada de bacia – e essa é uma boa imagem para as crianças. Peço que elas imaginem esse espaço interno do corpo e, dentro dele, uma bacia com água. O nível da água deve estar equilibrado para que o peso do corpo seja transmitido igualmente aos dois pés.

Quando ficam em pé por muito tempo, crianças e adolescentes quase sempre deslocam o peso do corpo para apenas um dos pés, o que pode se tornar um hábito indesejável. O apoio preferencial sobre um dos pés desalinha os quadris e a pelve, desorganizando a postura em pé.

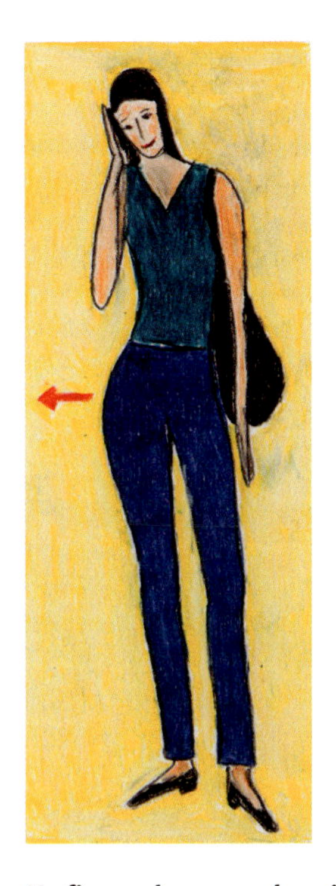

Na figura da esquerda, a jovem fala ao celular, carrega a mochila em apenas um dos ombros e desloca o quadril para a direita. Na figura da direita, a pelve está alinhada, o peso distribuído sobre os dois pés, a mochila é carregada sobre ambos os ombros e a cabeça é mantida no eixo enquanto a garota fala ao celular.

MÍMICA DA POSIÇÃO DA PELVE

Atividade indicada para crianças a partir dos 6 anos.

Em pé, a criança organiza os pés e os joelhos paralelos, mantendo os pés levemente separados.

1 Pede-se à criança que desloque lateralmente o peso do corpo sobre um dos pés. O quadril se desloca exageradamente para o mesmo lado: "Posição errada!"

2 Em seguida, pede-se à criança que reencontre o apoio sobre os dois pés, dividindo o peso igualmente entre eles. Esse movimento representa, no nível da pelve, uma centralização em torno do eixo vertical: "Posição correta!"

3 Repete-se o deslocamento para o lado oposto.

4 Retoma-se o centro.

A POSTURA EM PÉ E A FLEXIBILIZAÇÃO DOS TORNOZELOS E JOELHOS

Atividade indicada para crianças a partir dos 7 anos.

As duplas sustentam uma almofada entre si. Cada membro da dupla está de costas para o outro. A almofada deve ser grande e sólida para que cubra a maior superfície possível das costas e não deslize facilmente.

Caso não haja uma almofada com tais características, pode-se substituí-la por um colchonete enrolado e amarrado com fios ou por dois travesseiros igualmente atados por fios ou fita adesiva.

As crianças devem estar descalças ou utilizando calçados com sola antiderrapante.

O objetivo da sequência é estimular a sensação da pele que recobre a parede posterior do corpo, as costas.

1 As crianças aproximam-se uma de costas para a outra. Pressionam a almofada entre elas sem deixá-la cair, mantendo os joelhos dobrados. Mantêm a almofada equilibrada sem perder o apoio integral das costas (da bacia até a altura dos ombros). Pescoço e cabeça estão livres, sem apoio.

2 Pede-se que a dupla faça deslocamentos pelo espaço. Eles terão de se afinar e coordenar a ação conjunta.

3 Momento de pausa: as duplas se separam, deixam a almofada de lado e caminham livremente pelo espaço. Sugere-se então que parem e fechem os olhos, prestando atenção às sensações das costas.

4 Retoma-se a posição inicial com a almofada. Os membros da dupla deslocam-se juntos no espaço sem deixar cair a almofada. Assim, uma criança caminha de costas (em "marcha-ré") enquanto a outra caminha para a frente.

5 Em dado momento o professor pede que a criança que caminha para a frente breque o movimento, criando resistência, impedindo o deslo-

camento, enquanto a outra criança empurra com as costas, buscando vencer a resistência. Em seguida, invertem-se as ações: quem empurrava passa a resistir e vice-versa. Quem vai ganhar? O jogo de forças é divertido e pode provocar boas risadas! É importante alertar as crianças para que estejam atentas caso haja uma queda. Nesse caso, elas devem se proteger apoiando as mãos no chão para evitar o impacto no cóccix (osso final da coluna vertebral).

6 Momento de pausa: as crianças separam-se, deixam a almofada de lado e o professor pergunta quais são as sensações sobre a região das costas. As crianças relatam frequentemente sentir com "vivacidade" essa região, muitas vezes desconhecida.

SEQUÊNCIA COM A BOLA NA MÃO

Retoma-se a posição inicial. Uma criança segura uma bola e passa para a outra. A bola pode ser passada por cima da cabeça, esticando os braços, ou pelo lado, em um movimento de torção do tronco. Além do aspecto lúdico, a bola tem como função trazer os cotovelos e as mãos à frente do corpo.

VARIAÇÃO SEM ALMOFADA

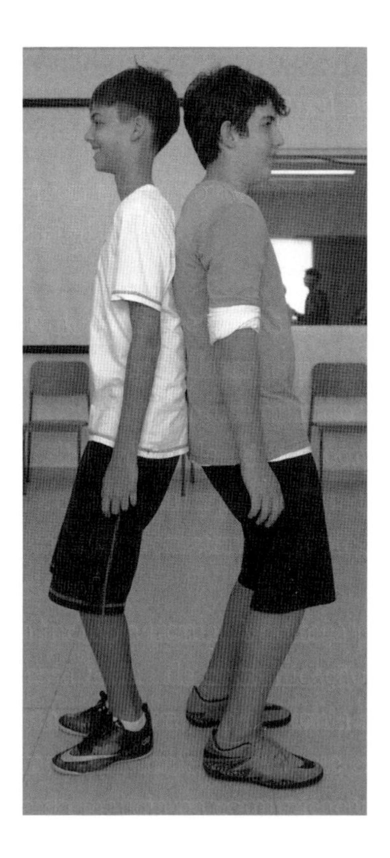

Atividade indicada para crianças a partir dos 7 anos.

1 Formam-se duplas de estaturas semelhantes. As crianças se aproximam, apoiam costas com costas e mantêm os joelhos fletidos e o olhar na linha do horizonte.

2 Manter o maior contato possível entre as costas. Apoiar o peso do próprio corpo no corpo do parceiro, sentir o jogo de forças que mantém o equilíbrio dos dois corpos.

3 Para separar-se do parceiro, a criança retoma o peso do próprio corpo e caminha pela sala em várias direções.

4 Encontrar novo parceiro e formar nova dupla aleatoriamente. Repetir os itens 2 e 3.

Essa atividade promove e amplia o contato entre os indivíduos do grupo. A dupla inicial escolhida pela criança muda ao comando do educador. É interessante indicar que as novas duplas sejam formadas por proximidade no espaço: ao comando do professor, a criança vai se juntar com quem estiver mais perto.

O fator aleatório permite a formação de duplas inusitadas. A ausência de contato visual pela posição costas com costas diminui as inibições e facilita o contato entre as crianças.

A FLEXÃO DO TRONCO SOBRE O QUADRIL

A articulação do quadril é utilizada em quase todos os gestos cotidianos. Levantar-se de uma cadeira, por exemplo, demanda a ação dessa "dobradiça", que permite que o peso do corpo seja distribuído de maneira dinâmica.

A figura acima pode ser "lida" tanto da esquerda para a direita – levantar-se – como da direita para a esquerda – sentar-se.

Na posição sentada, o tronco faz um ângulo de 90 graus em relação às pernas. Na passagem para a posição em pé, o tronco se inclina para a

frente, o peso é transferido para as pernas e a coluna mantém-se alinhada. Na passagem da posição em pé para a sentada, o movimento segue o sentido inverso.

Trata-se de uma boa mímica para realizar com as crianças.

Como esse movimento é realizado muitas vezes ao longo do dia, vale a pena investirmos no trabalho de consciência.

Outro exemplo de gesto cotidiano que utiliza a flexão do tronco sobre o quadril é abaixar para pegar um objeto no chão. Esse movimento pode ser realizado corretamente, com o uso dessa articulação, ou incorretamente, sem o uso pleno desta, o que acarreta sobrecarga à coluna vertebral.

Atividade indicada para crianças a partir dos 7 anos.

1 Pede-se que o aluno faça, livremente e algumas vezes, a mímica de apanhar um objeto do chão. Solicita-se que ele reconheça o modo como realiza esse simples gesto.

2 Em seguida, será preciso mostrar a ele as imagens do movimento correto e do movimento incorreto. As imagens podem ser mostradas no livro ou escaneadas, ampliadas e projetadas. Como já afirmei, o acesso às ilustrações permite que os alunos entendam o que devem buscar no próprio corpo.

3 Pede-se que a criança reproduza o movimento errado: "Posição errada!"

4 Pede-se que o aluno reproduza o movimento certo: "Posição certa!"

5 Repete-se algumas vezes.

MAPAS DA POSTURA SENTADA

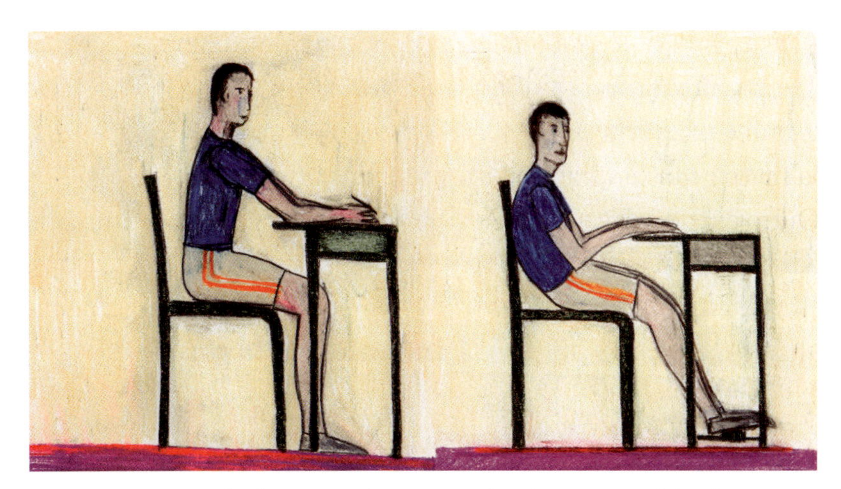

Uma desorganização frequente da postura da criança na cadeira é o deslizamento da pelve para a frente.

As crianças passam cerca de um terço do dia na postura sentada – em média, quatro a cinco horas sentadas na escola. Soma-se a esse período o tempo em que realizam outras atividades em casa nessa mesma posição.

O senso comum considera a postura sentada uma posição de descanso – o que ela de fato é, já que o gasto energético é menor do que o da postura em pé. Nas situações em que o indivíduo permanece por muitas horas em pé, o corpo "pede" uma cadeira, um sofá ou um banco. Esses descansos são necessários. No sentido inverso, como no caso das nossas crianças, que permanecem longos períodos sentadas, o corpo "pede" para levantar – porém, esse "pedido" nem sempre pode ser atendido.

Quando ficamos muito tempo na mesma postura, os músculos e as articulações são sobrecarregados pelo esforço contínuo. Assim, a alternância de posições é fundamental. Os educadores, muitas vezes, desconhecem a importância da alternância e o efeito positivo do convite, de tempos em tempos, de se levantar, alongar e espreguiçar o corpo, a serviço do estado de atenção e concentração, durante as atividades escolares.

A postura sentada sobrecarrega significativamente a coluna vertebral. Quanto pior a postura, maior a sobrecarga nos discos intervertebrais.

Algumas alterações posturais da criança e do adolescente, como escolioses e cifoses, decorrem da má organização corporal na postura sentada. A circulação sanguínea também é prejudicada pelos longos períodos de permanência nessa posição.

Outro fator que deve ser considerado nessa situação é a inadequação do mobiliário. Este – na escola, em casa e nos espaços públicos –, em geral, não está adaptado às crianças. Nos restaurantes, nos cinemas e em outros espaços, as crianças precisam se adaptar a assentos projetados para o corpo do adulto. O máximo que encontramos como opção é o cadeirão para bebês e crianças menores ou o "banquinho" do cinema.

O MOBILIÁRIO NAS ESCOLAS

Segundo o Ministério da Educação (Bergmiller, Souza e Brandão, 1999, p. 6), "o mobiliário escolar é um elemento de apoio ao ensino. Os confortos físico e psicológico do aluno vão influenciar no rendimento da aprendizagem de forma direta".

Porém, nas escolas a adequação do mobiliário é problemática. Mesas e cadeiras seguem um padrão de tamanho médio para atender a diversas estaturas, embora crianças da mesma idade apresentem alturas muito diferentes.

Além disso, um único padrão de carteiras não atende ao desafio das mudanças de estatura que podem ocorrer durante o ano letivo. A cadeira que serve para o aluno no começo do ano pode deixar de servir até final deste.

Para conseguir apoiar os pés no chão, a criança escorrega no assento da cadeira.

Uma desorganização frequente da postura da criança na cadeira é o deslizamento da pelve para a frente. É possível identificar alguns fatores responsáveis por isso: a. a altura inadequada da cadeira em relação à estatura da criança, que não consegue apoiar os pés no chão e, em busca desse apoio, desliza a pelve para a frente; b. o deslizamento do tecido da roupa sobre o assento, que na maioria das vezes é revestido de fórmica.

A pelve desliza para a frente. O tecido da roupa desliza sobre o revestimento da cadeira.

Entre as primeiras correções que indico está o uso de um forro emborrachado antiderrapante. Explico o deslizamento da pelve para a criança e, com ela, cortamos o tecido no tamanho do assento. Além de impedir o deslizamento, o material, por sua maciez, melhora a circulação sanguínea.

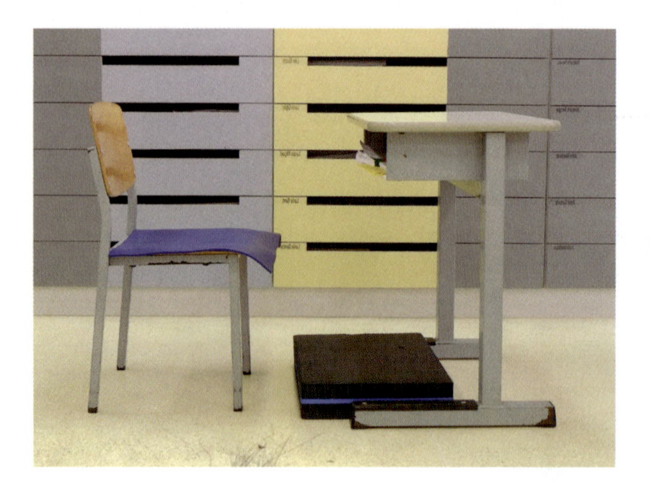

Outra orientação é o uso de um apoio para os pés: um bloco de EVA, uma caixa de madeira, uma lista telefônica encapada, um banquinho, entre outros. É importante que o bloco seja firme e fácil de limpar. A altura vai variar de acordo com a estatura da criança e o tamanho da cadeira. Em geral,

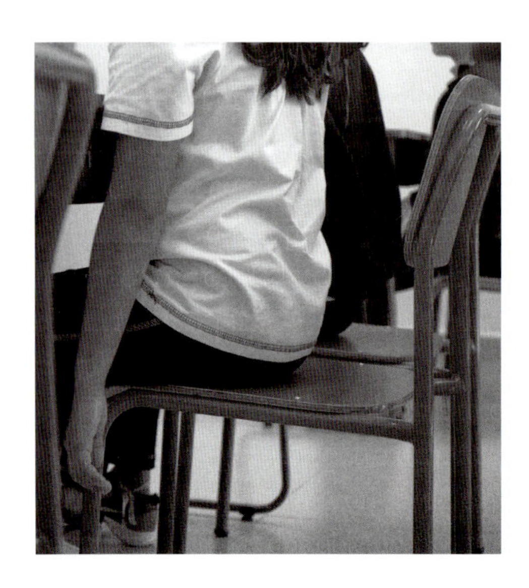

A profundidade da cadeira não permite que a criança apoie as costas.

esse bloco tem cerca de 10 cm de espessura. Explico à criança que a falta de apoio dos pés pode ser uma das causas do deslizamento e da má postura.

Ainda sobre o mobiliário, por vezes a profundidade de assento não é adequada para que a criança apoie as costas no encosto da cadeira. Nessa situação, a criança senta no fundo da cadeira e perde o apoio dos pés ou senta na ponta da cadeira e perde o apoio das costas.

Para apoiar as costas, muitas vezes a criança recolhe uma das pernas sobre o assento, ou as duas, sentando-se na posição de índio.

A menina está sentada sobre o antiderrapante e tem apoio para os pés e para as costas.

Para adaptar o apoio das costas, indico o uso de uma almofada colocada entre as costas e o encosto. No lugar da almofada podemos utilizar o "espaguete" de piscina. Esse objeto pode ser construído junto com as crianças. Cortamos dois pedaços de "espaguete" num comprimento de 40 cm aproximadamente e os unimos com fita-crepe. O objeto é colocado verticalmente. É importante que a criança puxe a cadeira para a frente, aproximando-se da carteira.

A imagem da página anterior é representativa das adaptações sugeridas em relação ao mobiliário. Esses objetos facilitam a organização postural da criança. As correções devem ser realizadas individualmente. É importante ressaltar que meu objetivo não é o de "engessar" as crianças em padrões posturais. Variações e alternâncias de posição são bem-vindas.

É esperado que num grupo de crianças sentadas por tanto tempo haja momentos de desorganização postural. As propostas de adaptação e correção postural aqui apresentadas têm por objetivo ajudá-las na reorganização da postura.

Com exceção do apoio para os pés, que pode ser realmente necessário o tempo todo, os outros objetos oferecidos para a adaptação não devem ser

Nas situações nas quais a mesa é alta em relação à estatura da criança, os ombros se elevam, desorganizando a cintura escapular e comprometendo a qualidade das atividades manuais, como a escrita. Na figura da direita, o tampo da mesa está levemente inclinado. Alguns trabalhos científicos indicam que tal inclinação beneficia a posição da cabeça e do pescoço durante a escrita.

utilizados intermitentemente, pois se assim o forem limitarão as possibilidades de mudanças de posição.

Na situação anterior, usamos um apoio para elevar o assento da cadeira. Essa adaptação é a mais difícil, em função da estabilidade necessária para a manutenção da posição sentada. Uma almofada firme pode ser utilizada para produzir a altura necessária para que a criança apoie os braços confortavelmente sobre o tampo da mesa sem precisar elevar os ombros.

As orientações aqui apontadas são alternativas, não substituindo os estudos de ergonomia e as indicações corretas, com as devidas proporções. Essas indicações fazem parte da NBR 14006 da ABNT, de 2008. Além dos ajustes, o mais importante é que a criança aprenda a se sentar corretamente.

A ORGANIZAÇÃO DA POSTURA SENTADA NA CADEIRA

A posição da pelve é primordial para a organização da postura sentada. Na imagem abaixo, a criança observa uma réplica da pelve em resina. Esse material infelizmente não está disponível na maioria das escolas. Nesse caso,

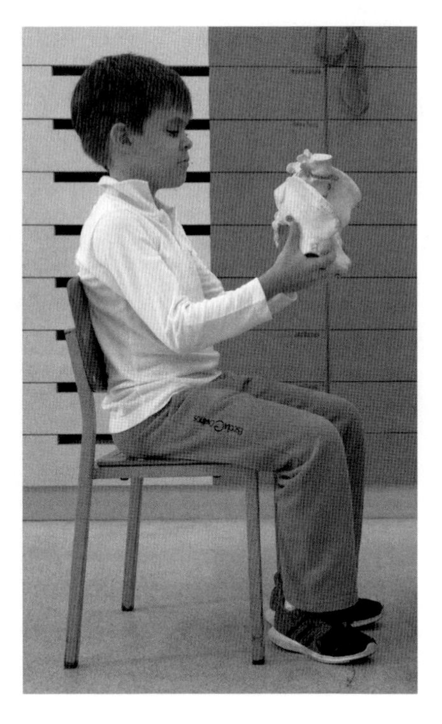

o professor pode apresentar a imagem de um livro, de preferência projetada e ampliada.

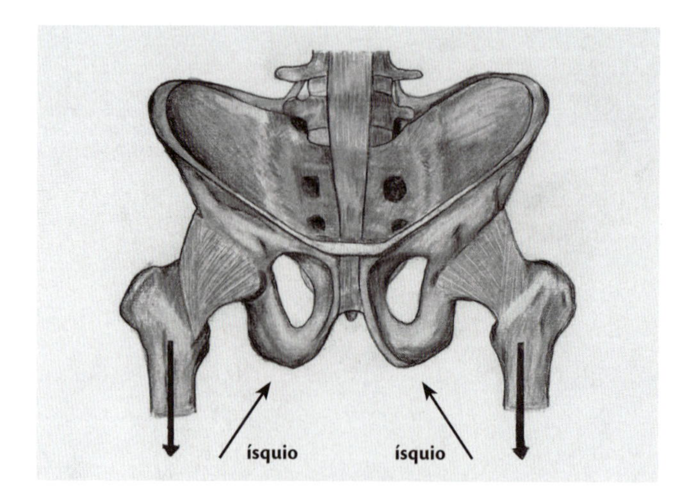

1 O aluno senta na ponta da cadeira e apoia os pés no chão, mantendo os joelhos flexionados num ângulo de 90 graus.

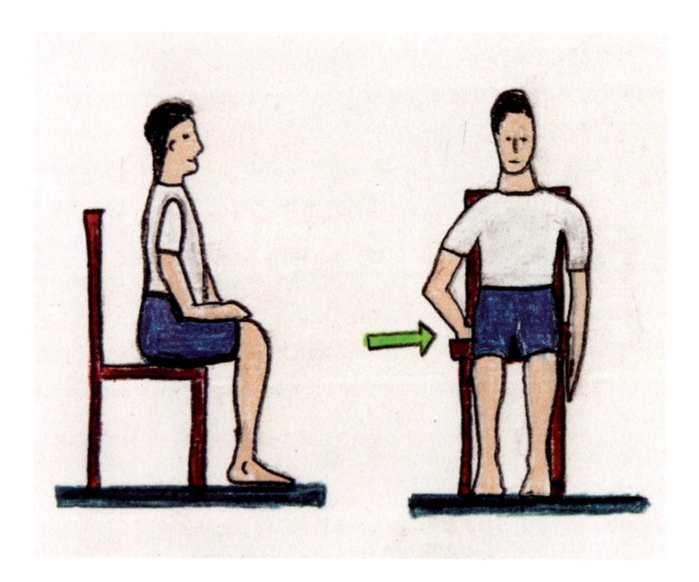

2 Os ísquios são os ossos sobre os quais nos apoiamos na postura sentada. Explorando a réplica em resina ou observando a imagem, o aluno vai procurar tocar os próprios ísquios. Colocando uma mão entre a cadeira e a região glútea (sentar em cima da mão com a palma voltada para cima), a criança sente a pressão do ísquio sobre a mão; sente a forma desse osso e em seguida retira a mão. A sensação do osso fica mais clara depois da sensibilização manual. Repete-se do outro lado.

3 Num balanço lateral o aluno transfere o apoio de um ísquio para o outro.

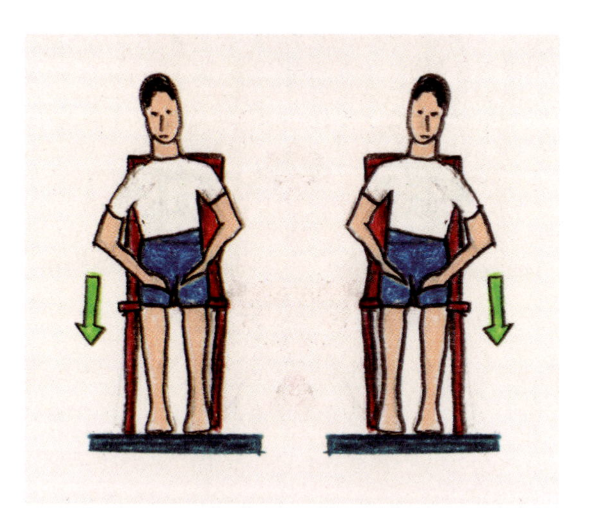

4 Em seguida, mantendo a alternância de apoios, "caminha" com os ísquios para trás, até o fundo da cadeira. Com o mesmo movimento, retorna até a ponta da cadeira. Repete algumas vezes a "caminhada".

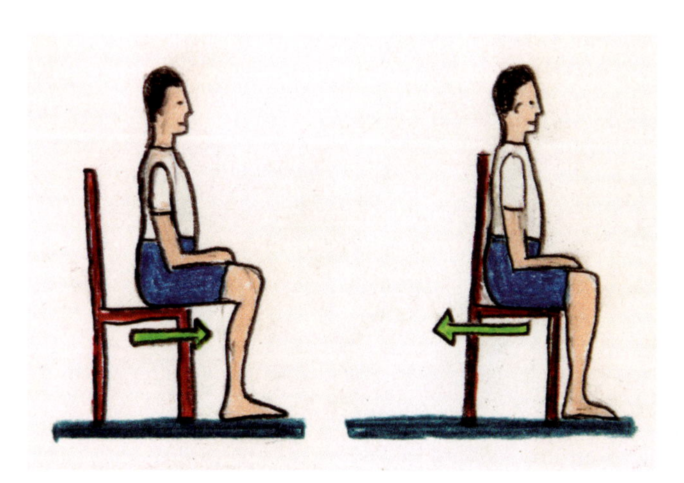

5 Sentado na ponta da cadeira, com os pés apoiados no chão, o aluno experimenta o movimento de enrolar a pelve para trás, levando o apoio sobre o cóccix (posição errada), e retornar o apoio sobre os ísquios (posição correta). Repete-se o movimento algumas vezes.

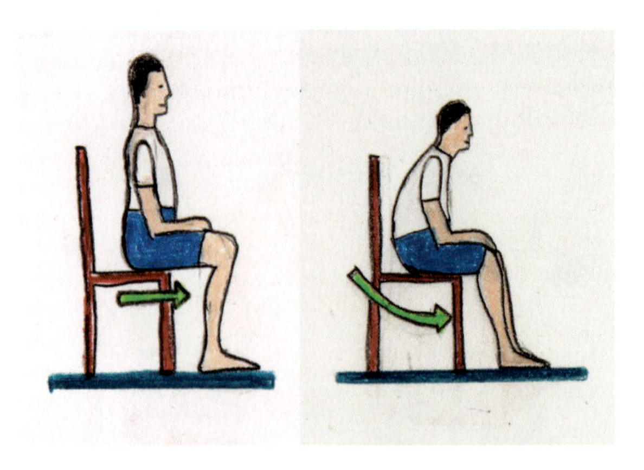

Sugiro que essa sequência seja repetida de tempos em tempos para que a informação seja incorporada pelo aluno. Assim, nas situações de desorganização, bastará retomar os conhecimentos para que o aluno se reorganize: "Atenção, apoiar os pés no chão! Sentar sobre os ísquios! Crescer a coluna! Puxar o bumbum pra trás e aproximar a cadeira da carteira!"

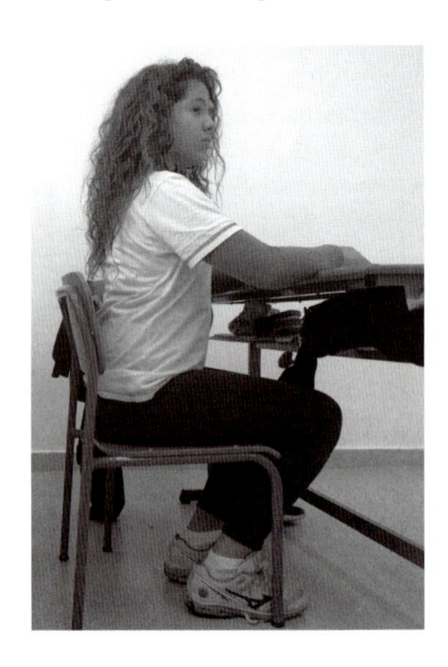

Como sugestão final para a postura sentada na sala de aula, costumo indicar um remanejamento das posições dos alunos ao longo do ano letivo. A cada três meses os estudantes devem trocar de carteira, variando seu posicionamento entre um lado da sala, o centro e o outro lado. Essa troca de posições evita que o aluno se mantenha apoiado em uma das paredes da sala, com o corpo torcido sempre numa mesma direção, em busca de enxergar a lousa, por tempo indeterminado.

A POSTURA SENTADA NO CHÃO

A postura sentada no chão é muito utilizada na educação infantil. Esse é um bom momento para iniciar a educação postural.

Essa posição é difícil de ser sustentada adequadamente pela maioria das crianças, em todas as faixas etárias. Em geral, a criança e o adolescente entram numa postura de enrolamento, diminuindo a altura do tronco, necessitando apoiar as mãos no chão ou segurar as pernas com os braços.

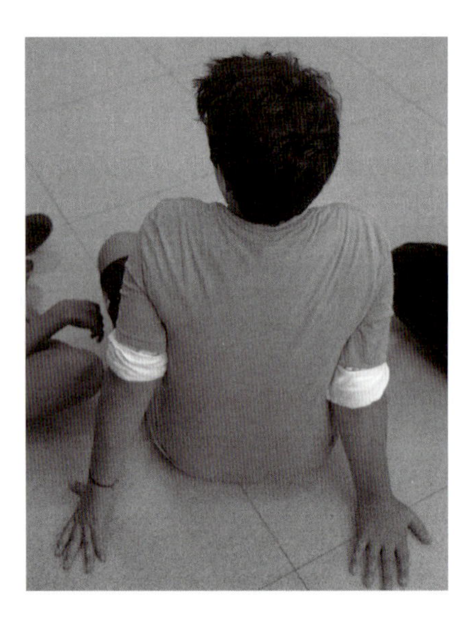

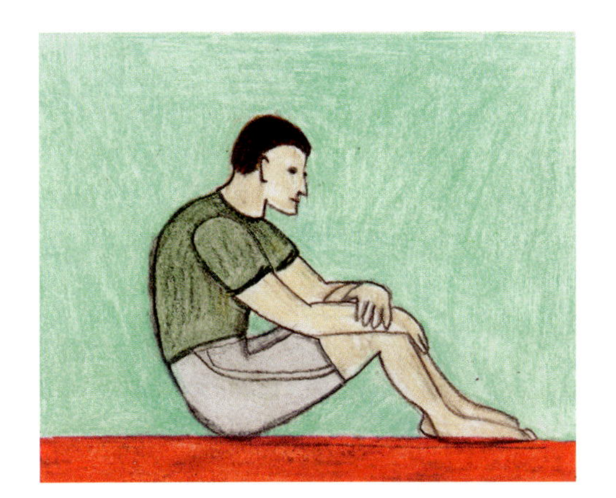

A adaptação é simples: oferecemos um apoio para elevar a pelve. Tal elevação facilita a manutenção do apoio sobre os ísquios e promove maior liberdade de movimento para o tronco.

Sentar sobre um apoio é parte do trabalho. Em seguida, o professor pede para a criança crescer a coluna vertebral.

A POSTURA EM "W" E SUAS CORREÇÕES

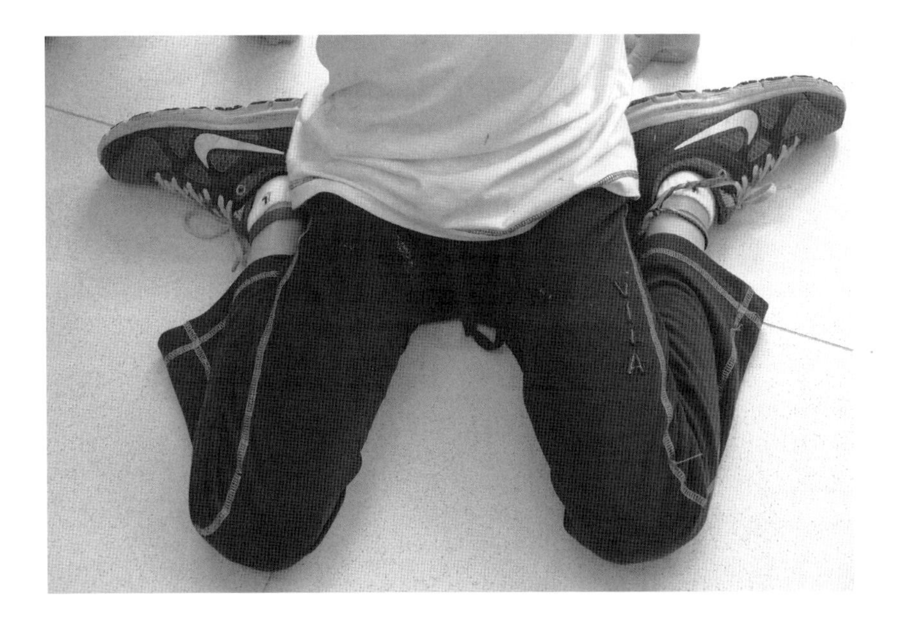

NA POSTURA EM "W", as crianças rodam os joelhos para dentro e as pernas para fora. Essa posição – em que muitas crianças e jovens se acomodam – é extremamente prejudicial para a articulação dos joelhos e para a organização do tronco.

É preciso desde cedo ajudar a criança a encontrar opções para a postura sentada. Não adianta apenas "dizer" que está errado. É necessário indicar um caminho.

Para corrigir a postura em "W", sugiro três etapas:

1. O educador convida o aluno a colocar uma das pernas para a frente, na posição de índio: "Uma perna de 'índio', ao menos uma!"
2. Essa posição intermediária entre a postura de "W" e a de "índio" pode permanecer por alguns dias ou até semanas.
3. No momento em que a criança estiver mais adaptada à posição intermediária, pedimos que ela traga a outra perna para a frente, mantendo a posição de "índio".

Vale lembrar que o apoio (rolinho, bloco de EVA, almofada) evita a postura em "W".

MATERIAL DE APOIO

POSTURA SENTADA COM O ROSTO APOIADO NA MESA

Atividade indicada para maiores de 4 anos.

Trata-se de uma variação indicada para o ensino fundamental I e II e para o ensino médio, etapas em que existe menor disponibilidade de tempo para a realização dessas atividades. Uma pena. Há uma sensação geral de que todos, alunos e professores, estão sempre atrasados em relação aos conteúdos e à programação. O estresse é geral. As pausas para relaxamento e retomada da atenção são primordiais. Por isso, proponho uma série de atividades corporais sem precisar modificar o ambiente, praticamente sem precisar sair do lugar.

1 A luz da sala é rebaixada e cada um é convidado a espreguiçar-se sentado no próprio lugar.

2 Pede-se que o aluno se posicione de frente para a mesa (ou para o braço da cadeira) e apoie os antebraços sobre ela, colocando uma mão sobre a outra. Num movimento de enrolamento do tronco, ele então apoia a testa sobre as mãos.

3 Tempo de descanso, pausa e relaxamento. Os alunos fecham os olhos. Tempo de silêncio. Tempo sem conversa.

4 Os alunos se espreguiçam.

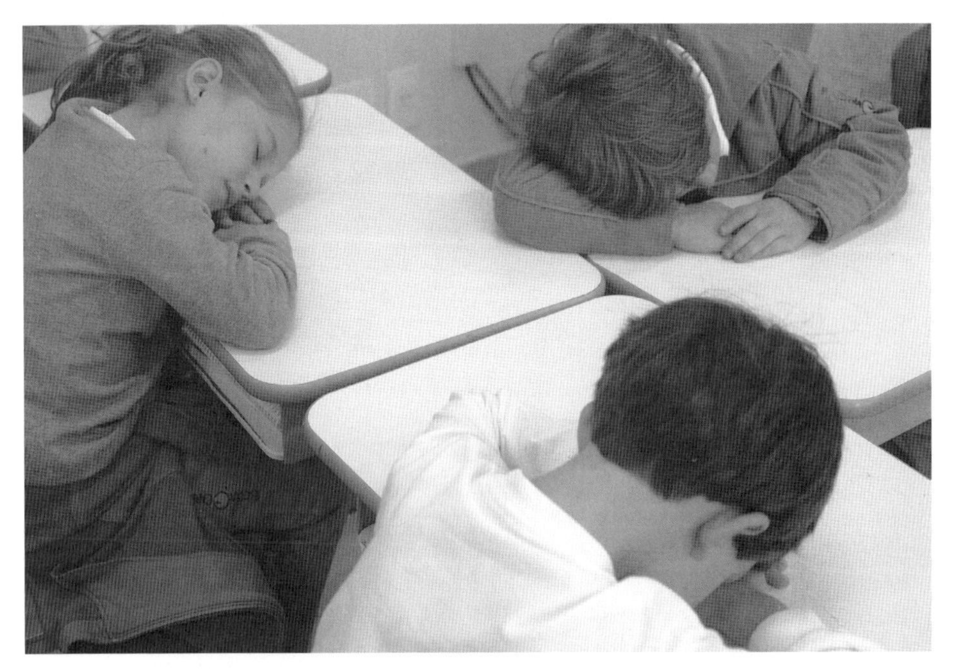

Crianças e adolescentes aprendem a descansar, a fazer pausas de tempos em tempos, com um bom relaxamento, mesmo que seja sobre a mesa de trabalho.

VI • O MOVIMENTO NO ESPAÇO

MOVIMENTO E EXPRESSÃO

A PROPOSTA DESTE capítulo é apresentar atividades que possam ser realizadas em sala de aula. O professor não precisa ser especialista em movimento para fazer uso dessa ferramenta tão importante no cotidiano escolar. A aplicação dessas atividades pode influenciar positivamente a organização do grupo, a relação e a cooperação entre os alunos.

As atividades a seguir têm como propósitos estimular o movimento e a expressão e ensinar as crianças a se movimentar em conjunto. Saber se movimentar em grupo, respeitando o espaço de cada um e experimentando ritmos comuns a todos, desenvolve habilidades pessoais e sociais.

O CÍRCULO: "O PANO"

"O PANO" É um objeto simples com múltiplas utilidades. Trata-se de um tecido resistente, como colcha de cama de casal, acolchoado ou cobertor. Para essa atividade, indicada para maiores de 3 anos, será preciso deslocar carteiras e mesas da sala, a fim de ganhar espaço livre para a movimentação.

Ao longo dos anos de trabalho nas escolas, senti a necessidade de criar um ambiente aconchegante para os momentos de relaxamento. Comecei, então, a utilizar tecidos para esses momentos. Notei que o pano, colocado no centro da sala, convergia a atenção dos alunos em torno do material. Entendi que, além de propiciar um espaço confortável para o relaxamento, o pano poderia ter outras funções.

Entre elas destaco a que penso ser a principal: promover a atenção do grupo para uma mesma direção. Percebi o potencial de integração que esse objeto proporcionava.

Passei, então, a utilizar o pano para organizar as crianças em roda, com êxito.

Comecei a estabelecer com os alunos a diferença entre deitar sobre o pano para os momentos de relaxamento e sentar-se em torno dele para os momentos de conversa e outras atividades em grupo.

Além do relaxamento e da organização da roda na postura sentada, desenvolvi outras atividades na postura em pé.

Organizadas em pé, voltadas para o centro, as crianças seguram o pano com as duas mãos.

Em pé, percebi que poderia organizar a postura e a coordenação motora das crianças seguindo os princípios apresentados em "Mapas do corpo": pés paralelos, leve flexão dos joelhos, organização do tronco em torno da linha do meio, ombros encaixados, cotovelos flexionados.

As mãos seguram o pano por baixo, com as palmas voltadas para cima. A partir dessa organização, iniciamos os movimentos.

O primeiro do grupo consiste em abrir e fechar a roda. À medida que as crianças caminham para o centro, vão recolhendo o pano na palma das mãos:

— Come, come, come o pano!

As crianças se reúnem no centro.

No sentido oposto, ao abrir a roda, as crianças vão liberando progressivamente o pano e, ao final, esticam o tecido.

Outros tecidos mais elásticos também podem ser utilizados.

Com criatividade, o professor pode criar inúmeras sequências.

Depois dos jogos com as duas mãos, as crianças seguram o pano com uma das mãos e se deslocam em roda. Correm nos sentidos horário e anti-horário, ganhando velocidade progressivamente.

Finalizamos com uma ou várias bolas sobre o pano.

A LINHA: "O TREM"

Para essa atividade, indicada para maiores de 3 anos, será preciso deslocar carteiras e mesas da sala, abrindo espaço para a movimentação.

O trem é uma atividade de movimento pelo espaço, divertida e estimulante.

São comuns os esforços dos educadores para conter a agitação dos alunos. Poucas são as situações em sala de aula em que as crianças podem dar vazão ao desejo de brincar, de se mover livremente. Acredito na importância de possibilitar esses momentos para, em seguida, recuperar a ordem e a atenção.

No trem, colocamo-nos em fila. Uma criança posiciona-se atrás da outra e agarra a roupa do companheiro da frente, na altura da cintura. Esse comando é importante porque alguns alunos talvez queiram segurar na altura da gola, o que pode machucar o pescoço. Não é permitido, em hipótese nenhuma, segurar em capuzes ou golas.

O professor se coloca na frente de todos e faz um engate, mãos com mãos, com a criança que está logo atrás. As outras seguem segurando na barra da camiseta.

Inicia-se o deslocamento lentamente, serpenteando pelo espaço da sala. É fundamental que as crianças estejam de olhos abertos, bem atentas ao movimento do trem, e mantenham as duas mãos agarradas. Essa atividade estimula a força das mãos e a agilidade motora.

Aos poucos o "condutor do trem" aumenta a velocidade e a angulação das curvas. O riso e as gargalhadas são inevitáveis!

Em determinados momentos, alguns alunos podem perder o engate, interrompendo o fluxo do movimento. Nesses casos, o condutor desacelera o deslocamento até que o aluno consiga retomar o engate. Tombos também podem ocorrer, devendo as crianças estar preparadas para isso. Costumo alertá-las previamente de que, se houver uma queda, devem se proteger levando as mãos ao chão.

Depois de familiarizados com a atividade, podemos eleger, entre os alunos, quem será o condutor.

Realizo a atividade do trem desde muito cedo, com crianças pequenas, a partir dos 3 anos. Claro que nessa circunstância o trem anda muito devagar e faz curvas suaves.

A DANÇA

> A dança reina antes da linguagem, como música do corpo. Conta o início do tempo: corre e salta num ritmo que se repete, entra em redundância, reencontra gestos, refaz passos, enrola-se sobre si mesmo, mas de tempos em tempos surpreende com uma atitude, o corpo acaba de inventar uma cifra nova, a dança semeia o inesperado no retorno eterno do ritmo, eis o começo do tempo. Um corpo jamais nasceu antes de ter dançado. (Serres, 2001, p. 300-01)

É com alegria que observo, em minha jornada nas escolas, que a dança está cada vez mais inserida em diversos momentos da vida da criança e do adolescente: nas festas juninas, na abertura e no encerramento dos diferentes eventos escolares e até como disciplina independente na educação infantil, no ensino fundamental e no ensino médio.

Vejo que crianças e adolescentes encontram satisfação nessas atividades. Mesmo quando reclamam de ter de se apresentar, as experiências das aulas de dança são relatadas como positivas.

Em meu trabalho a dança sempre esteve presente. Considero-a tão importante na formação de crianças e adolescentes quanto a educação musical, os esportes, a matemática e o português.

A dança abarca inúmeros aspectos do desenvolvimento humano: a linguagem, a expressão, o raciocínio, as emoções, a sociabilidade, a coordenação motora, o ritmo e a estética.

Entre as danças para crianças e adolescentes, sempre privilegiei as de roda, as folclóricas e também as improvisações. Das danças folclóricas utilizo as estruturas rítmicas tradicionais e os passos construídos por gerações; da improvisação, a criatividade, a construção de novos gestos e a expressão individual.

A BÚSSOLA: "NORTE, SUL, LESTE E OESTE"

Atividade indicada para crianças a partir dos 6 anos.

Imaginemos o espaço da sala livre do mobiliário (mesas e carteiras afastadas). Podemos determinar quatro faces, representadas pelas paredes. Nossa "bússola" mora no mundo da imaginação, isto é, nossas referências não correspondem à determinação exata das coordenadas geográficas.

Nesse "mapa" da sala, cada parede representa uma direção. Se tomarmos uma das lousas como referência para representar a face norte, a parede da direita será o leste, a de trás, o sul, e a da esquerda, o oeste. Trata-se de referências aleatórias.

Partindo de tais referências, inúmeras serão as possibilidades de deslocamento do grupo pelo espaço ou de atividades individuais.

Para o início dessa exploração, a criança coloca-se de frente para a "face norte". O professor dá os comandos:

— Girem o corpo de frente para a "face leste"!

A criança gira um quarto de volta para a parede da direita:

— Girem o corpo para a "face sul"!

A criança gira mais um quarto de volta para a parede do fundo da sala – e assim sucessivamente até completar uma volta e retornar ao ponto inicial.

Inicialmente, a volta inteira deve ser realizada no sentido horário e em seguida no sentido anti-horário.

Uma vez compreendidas essas direções, podemos substituir o giro por um pequeno salto no momento de mudar de posição. Isso dá agilidade ao movimento. Assim, o professor pode propor um desafio maior:

— Com um pequeno salto, pulem da "face norte" (posição inicial) para a "face sul" (parede do fundo)!

A criança salta, dando meia-volta.

— Com mais um salto, completem a volta!

A atividade é divertida, provoca risos e precisará de algumas repetições até que as informações espaciais sejam incorporadas. Pequenas dificuldades nas passagens e nas direções são comuns. A correção mais importante é que a criança se coloque de frente para cada parede. A "linha do meio" serve de referência para o posicionamento do corpo.

Num segundo momento, utilizaremos as mesmas referências para os deslocamentos em grupo. Este, posicionado no centro da sala, de frente para a "face norte", segue os comandos do professor:

— Desloquem-se para a frente! Avancem!

As crianças se deslocam em bloco.

— Desloquem-se para trás! Recuem!

As crianças deslocam-se caminhando de costas até o fundo da sala.

— Voltem para o centro.

Partindo dessa posição, os deslocamentos vão ocorrer de um lado ao outro da sala.

— Desloquem-se para a esquerda, depois para a direita.

As crianças se deslocam lateralmente.

À medida que o "jogo" é compreendido, pode-se pedir maior velocidade nos percursos. Um dos objetivos da atividade é conseguir frear o próprio movimento.

Pode-se ainda explorar os deslocamentos nas diagonais do espaço:

— Corram do sudeste ao noroeste!

E assim por diante.

Para finalizar, dividem-se os alunos em pequenos grupos e o desafio será o de deslocar-se no espaço mantendo a mesma direção do seu grupo. Para essa variação, é importante que as mãos se segurem nos ombros e não no pescoço.

DANÇAS DE RODA

Atividade indicada para todas as idades.

A dança circular representa uma forma arquetípica do encontro humano: todos estão voltados para um centro comum.

Do ponto de vista psicomotor, é preciso que cada um mantenha o próprio eixo ("linha do meio") e aprenda a mover-se nos mesmos ritmo e direção que o grupo. Em roda, não podemos copiar por espelhamento o gesto de quem está à frente.

Muitas são as possibilidades rítmicas e melódicas dessa modalidade: a ciranda, o carimbó, as danças gregas e judaicas, entre uma infinidade de expressões culturais.

Em alguns países, essas danças são realizadas com o círculo aberto, no qual um líder puxa o grupo e o último da linha não dá a mão ao primeiro, mas ainda assim a forma circular é conservada. Com crianças, prefiro trabalhar com o círculo fechado, no qual todos se dão as mãos.

A movimentação pode ser extremamente simples: rodar para um lado, para o outro ou para o centro num movimento de concentração; ou expandir a circunferência em seu limite. Rodar para um lado, rodar para o outro, fechar na direção do centro ou expandir permitem que a criatividade se desenvolva.

As músicas podem ser escolhidas pelos alunos ou pelo professor, sendo os ritmos variados.

A RODA DE IMPROVISAÇÃO

A roda de improvisação é uma atividade em que os alunos exploram os próprios movimentos. A música inspira a criatividade de cada um.

Todos se colocam em roda, sem dar as mãos.

Iniciamos com movimentos livres, cada um dançando do seu jeito, como se estivéssemos numa pista de dança.

A inibição pode acometer alguns. Nesse sentido, apresento determinados padrões de movimento presentes no cotidiano, associados aos ritmos.

Inicio pelos gestos esportivos: agarrar e lançar uma bola, quicá-la mantendo o ritmo da música, imitar o movimento do tenista, do corredor, do nadador, sempre mantendo o ritmo. As crianças reproduzem os gestos apresentados.

Outros repertórios também são possíveis: dirigir um carro, varrer com uma vassoura, mexer um caldeirão, correr sobre uma esteira etc.

Esses modelos ajudam a criança a se soltar. Àquelas que resistem à improvisação, proponho que realizem movimentos com as mãos, indicando o "não", ao ritmo da música. Se não quiserem participar, não devemos forçá-las.

Depois dessa etapa de desinibição, uso o modelo da brincadeira "siga o mestre", em que cada aluno apresenta um movimento para o grupo reproduzir. Diversos repertórios surgem inesperadamente, como é comum na dança baseada na improvisação.

CARACOL

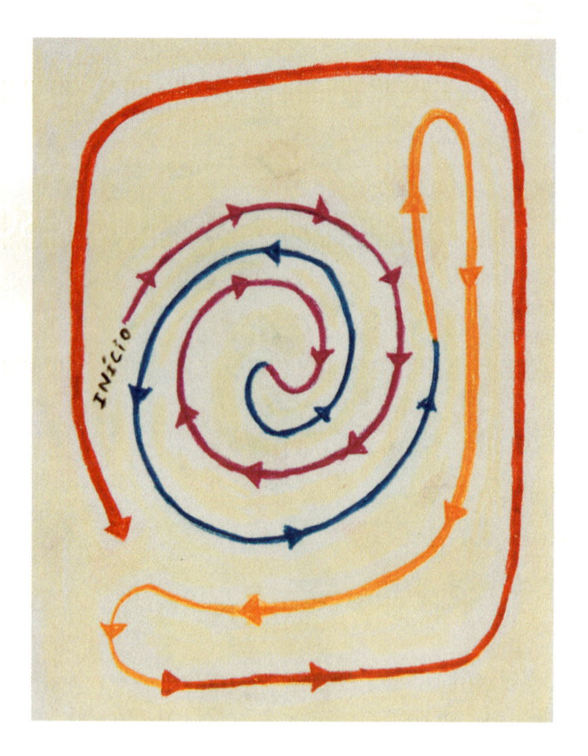

O caracol é um movimento em espiral bastante realizado nas escolas.

Forma-se uma roda aberta, na qual o primeiro indivíduo vai levar o grupo até o centro da espiral e, a partir daí, desenrolar a roda no caminho inverso.

Os olhares se cruzam, as linhas se entrelaçam.

VII • A NOVA GUERRA DO FOGO:
o impacto do mundo virtual na educação de crianças e adolescentes

Ilustração: Alex Cerveny

Há quem compare a revolução virtual e tecnológica dos últimos 25 anos à conquista do fogo por nossos ancestrais hominídeos, ocorrida há cerca de 100 mil anos. Faz sentido se entendermos esses dois marcos como caminhos sem volta, estabelecendo novas formas de linguagem e de pensamento – e, consequentemente, novas relações entre os seres humanos.

O romance *A guerra do fogo* (2014), de J.-H. Rosny Aînê, publicado pela primeira vez em 1911, descreve a luta do homem pré-histórico pelo domínio do fogo, luta essa marcada por mortes, catástrofes e assassinatos entre grupos rivais. Erros e acertos se estenderam por milhares de anos até que o homem deixasse sua condição de refém do fenômeno natural e passasse a controlá-lo, pensá-lo e simbolizá-lo.

Na "nova guerra do fogo", a do mundo virtual e da tecnologia da informação, somos reféns – agora, porém, de nossa própria criação. E, como em toda guerra, as crianças são as maiores vítimas.

As novas tecnologias – como a internet e os jogos eletrônicos – tornaram-se ferramentas de uso amplo e irrestrito, transformando-se em um dos maiores fenômenos mundiais das últimas duas décadas.

Escrever sobre esse assunto é um grande desafio, dados a velocidade de sua progressão e o impacto desse fenômeno na vida de milhões de usuários, sobretudo na formação de gerações de crianças e adolescentes que recebem, sem filtro, essa nova linguagem.

Pela abrangência do tema, o assunto não se esgota. Nós, adultos, estamos profundamente imersos nessa nova forma de estar no mundo e de se comunicar. Com isso, perdemos o distanciamento necessário para fazer uma análise crítica a respeito do impacto do uso da tecnologia em nossos filhos, alunos e em nós mesmos.

Essas primeiras gerações de crianças e adolescentes que estão recebendo cargas positivas e negativas dessa nova linguagem construirão os parâmetros para a educação dos que virão no futuro. Porém, é preciso estabelecer, junto com as crianças e os adolescentes, algum senso crítico sobre os conteúdos do mundo virtual e sobre os comportamentos daí advindos que se consolidam no cotidiano.

Estudos científicos relativos ao uso de computadores e de jogos eletrônicos são controversos: ora apontam ganhos cognitivos e aumento de atividade cerebral, ora indicam aumento da violência entre os jovens e da obesidade infantil. Diante disso, pais e educadores encontram-se perdidos nesse campo.

O videogame é hoje uma importante atividade de lazer para crianças e adolescentes em todos os extratos socioeconômicos e em todo o planeta. As redes sociais tornaram-se parte do nosso cotidiano. O uso descontrolado e excessivo dessa tecnologia pode causar dependência e afetar de maneira drástica a infância e a adolescência.

Assim, é preciso compreender esse processo, estar junto, propor limites, conter, explicar e oferecer alternativas e, sobretudo, refletir sobre o tema. A participação do adulto deve ir muito além do simples "sim" ou "não". Reprimir ou liberar o uso de forma irrestrita não é a solução. Seria uma utopia imaginar que podemos proteger ou privar uma criança desse movimento contemporâneo. Por outro lado, o controle se faz necessário.

A maior parte dos jogos eletrônicos é programada para fazer que o jogador nunca pare. Mesmo quando o jogo é finalizado, surgem novas versões mais e mais sofisticadas. A indústria de *games* progride numa velocidade estonteante. As crianças e os adolescentes são alvo dessa indústria que a cada dia apresenta novos produtos, que produzem rapidamente novos comportamentos. Além do impacto no comportamento humano, os prejuízos estendem-se para a natureza: os produtos tecnológicos tornam-se obsoletos rapidamente, produzindo imensa quantidade de lixo tecnológico. Crianças e adolescentes devem ser educados com essa consciência.

O adulto está igualmente atraído por esse universo. Segundo dados de uma pesquisa publicada pelo Newzoo Free Global Trend Report, em 2015, 49% dos adultos americanos jogavam videogame; no Brasil, essa estatística chegou a 82% de jovens e adultos. Isso sem citar o uso das redes sociais.

Entre minhas primeiras colocações, está a ideia de que não devemos exigir de crianças e adolescentes comportamentos adequados em relação ao uso da tecnologia se não modificarmos nossas atitudes.

É comum adultos acharem graça quando seus bebês utilizam *tablets* e celulares. Muitos pais se orgulham da habilidade e do interesse que os pequenos têm em relação a esses aparelhos. Alguns deles já podem ser acoplados aos carrinhos e aos berços – isso sem falar nas telas de TV espalhadas pela casa, nos carros e nos ambientes públicos.

A Academia Americana de Pediatria (AAP) recomenda que crianças até 2 anos não vejam TV nem sejam expostas a celulares, *tablets* e computadores (AAP, 2001).

Penso que até os 3 anos de idade o uso deva ser bastante limitado. É preciso que, nessa fase, o bebê possa construir suas imagens mentais. O fascínio exercido pelas telas empobrece a imaginação e a possibilidade de inventar histórias próprias. Impede, igualmente, que crianças de todas as idades observem o mundo ao seu redor, o que causa sérios prejuízos. A criança perde a oportunidade de aprender pela observação do entorno, deixa de trocar olhares, o que empobrece as relações afetivas e sociais. Não por acaso se constata um aumento significativo de crianças e adolescentes com disfunções do comportamento social.

Em uma situação como a da mesa de refeições, quanta riqueza pode haver na observação e na interação com os outros: da escolha de um prato à descoberta do que cada um gosta, passando pela espera da comida, pelas conversas, pelos tempos de silêncio, pela observação do ambiente. Além disso, os pequenos podem ouvir e ser ouvidos, bem como aprender a se comportar a mesa. Os adultos também perdem se estiverem "presos" a seus aparelhos, deixando de observar as crianças e de se relacionar com elas no momento presente.

Dessa falta de observação decorrem danos às noções de espaço e de tempo. A relação olhar/tela desvia a atenção do espaço ao redor. Crianças e adolescentes são capazes de percorrer longos trajetos com o *tablet* nas mãos sem a mínima percepção de distância, profundidade e direção. A experiência espacial fica empobrecida, e com ela a noção de tempo. Saem de um ambiente e chegam a outro sem se dar conta.

Numa viagem, por exemplo, seria interessante que a criança participasse de todas as etapas: escolher suas roupas, fazer as malas, despedir-se de quem fica, reconhecer o caminho de casa até o aeroporto, descer do táxi, andar entre as pessoas, não se perder da família e finalmente chegar ao avião. Vale passar por tudo isso com um *tablet* na frente dos olhos? Não seria melhor esperar o avião partir e então, nas horas que se seguem, permitir que a criança se entretenha com seus *games*?

Em geral, os jogos e as atividades virtuais ocupam a criança, o que muitas vezes representa uma facilidade para os pais. Nas situações citadas – à mesa do restaurante ou no trajeto para o aeroporto –, pode parecer mais simples manter a criança entretida com o celular: ela permanece em silêncio, não faz solicitações e reage mecanicamente aos comandos do adulto. Porém, tal alienação tem consequências.

A perda significativa do contato visual entre as pessoas não ocorre apenas entre a criança e o adulto, mas também entre uma criança e outra. Hoje, é comum encontrarmos crianças e adolescentes com celulares por todo lado: na perua escolar, nas ruas, nos parques, nos pontos de ônibus, no metrô, nos cinemas, nas reuniões sociais.

Há grupos que passam horas reunidos diante da tela do computador. Jogam juntos, se divertem e interagem presencialmente uns com os outros.

Já os jogos on-line possibilitam o encontro virtual com outros jogadores, amigos ou desconhecidos, distantes espacialmente. Nessa modalidade, o principal contato é auditivo: por intermédio de fones e microfones, os participantes podem se comunicar. Isso possibilita "brincar" a distância: todos se "encontram" sem precisar sair de casa.

De um lado, o conforto de poder se relacionar em "segurança". De outro, o perigo da reclusão, do círculo que se fecha em torno da casa, do quarto e, por fim, do computador.

No Japão, os *hikikomori*, que sofrem da chamada "síndrome do isolamento em casa", viraram caso de saúde pública. Milhares de jovens ficam isolados e, em casos extremos, perdem o contato presencial com o mundo exterior.

Trata-se de um paradoxo: o mundo virtual e tecnológico que permite o contato entre pessoas de todas as partes do mundo pode levar o indivíduo a um nível de isolamento extremo e à solidão.

A comunicação pelas redes sociais é tão importante para os jovens que eles, mesmo quando na presença uns dos outros, chegam a se comunicar entre si por mensagens. Nesse tipo de comunicação há certamente uma perda da interação entre os indivíduos e um empobrecimento das linguagens verbal e corporal.

Nesse novo comportamento social, também chamado de "nocializing", os indivíduos – inclusive adultos – se reúnem presencialmente num ambiente público, mas cada um permanece o tempo todo com o próprio celular, sem falar nem interagir com os presentes.

As redes sociais oferecem a possibilidade de participação em inúmeros grupos de "amigos". Tais grupos geram um fluxo tão grande de informações que os diálogos acontecem, muitas vezes, de maneira entrecortada; as ideias são pulverizadas em múltiplos assuntos e há um gasto de tempo significativo para acompanhar tantas conversas. Desconectar-se se torna difícil. Nessa situação, as crianças sentem-se excluídas dos acontecimentos, "esquecidas" pelo grupo.

A facilidade de comunicação é certamente um ganho trazido pela tecnologia. Hoje, podemos encontrar qualquer pessoa em qualquer lugar e a qualquer momento, basta que ela tenha um celular. Além disso, as redes sociais permitem a formação de grupos na escola, nos quais se trocam informações sobre matérias e amplia-se a comunicação entre alunos e professores – o que pode ajudar na organização das tarefas e dos estudos.

A POSTURA

Enquanto as mãos e o olhar estão presos a um *tablet* por longos períodos, o corpo também sofre prejuízos. O baixo gasto calórico pela característica sedentária da atividade, por si só, já deveria justificar a restrição do tempo de uso. Isso sem falar nos inúmeros danos do ponto de vista postural.

Ao observarmos uma criança jogando, tem-se a impressão de que ela esqueceu que tem corpo. Posições inadequadas são mantidas por longos períodos, sem alternância.

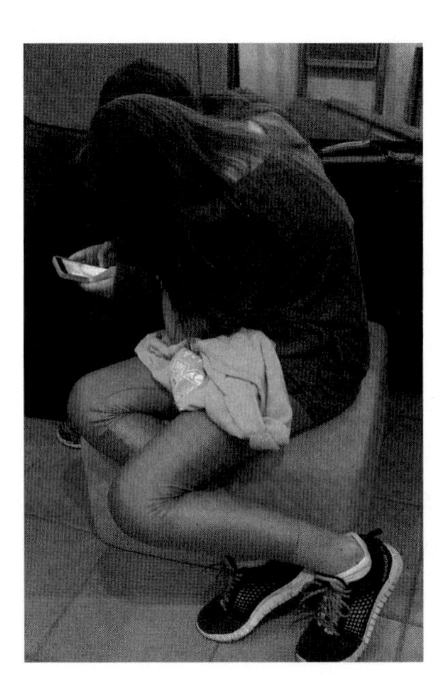

Há quem jogue deitado na cama ou jogado de lado no sofá; a maioria utiliza a posição sentada, e muito mal-sentada: sem apoios dos pés no chão, sem apoio adequado para a pelve e para as costas. Dependendo da posição da tela, o corpo é obrigado a se torcer para um único lado, criando uma assimetria que permanece como estímulo postural e se mantém mesmo depois que a criança para de jogar. Em fases de crescimento, tais posturas torcidas podem provocar escolioses posturais, bem como agravar as patológicas.

A distância entre a tela e os olhos é outro fator de desorganização postural grave. No caso de *tablets*, celulares e *notebooks*, a cabeça e o pescoço pendem para a frente, avançando em direção aos aparelhos. Além disso, é comum que segurem os aparelhos excessivamente próximos do rosto, o que aumenta a tensão na musculatura dos ombros e do pescoço.

Muitos jovens realizam o dever de casa sentados na cama, de pernas cruzadas, utilizando *notebooks*. Nessa posição, a postura se desorganiza num enrolamento da coluna vertebral e na projeção da cabeça à frente. Hoje, observa-se um aumento do número de crianças com queixas de dor de cabeça. Provavelmente, entre os fatores causais, está a má postura.

Outras situações que merecem atenção são aquelas em que a tela do aparelho é fixa, como na TV e no computador de mesa. Inúmeras são as possibilidades de desordem. A primeira orientação, nesses casos, é que a criança se coloque de frente para a tela. As posições torcidas são as piores.

No caso do computador apoiado sobre a mesa, recomenda-se ajustar o centro da tela na altura do olhar. Caso ela esteja mais baixa que o olhar, pode-se usar apoios como livros ou uma caixa de madeira para elevá-la. Caso a tela esteja mais alta que os olhos, ajusta-se a altura da cadeira, elevando o assento. É importante garantir o apoio dos pés no chão. A distância correta do monitor aos olhos é aproximadamente o comprimento do braço da criança esticado.

No caso da tela da TV os ajustes de altura são mais difíceis, pois, além de esses aparelhos atenderem a toda a família, em muitas casas eles estão fixos na parede.

É comum as crianças assistirem à TV sentadas no chão, muito próximas e abaixo da tela. Nessa situação, elas são obrigadas a inclinar a cabeça para trás, diminuindo o espaço da coluna cervical. A primeira providência é sentá-las mais distante da tela, com o recuo necessário para a manutenção do olhar na linha do horizonte. Os pequenos resistem a essa mudança e voltam sorrateiramente para o mesmo lugar. É preciso insistir.

ESTADO DE CONCENTRAÇÃO?

Muitos adultos consideram que seus filhos têm boa capacidade de concentração ao vê-los jogar. Mas seria esse um estado de concentração, de hiperfoco ou de alienação?

Há de fato um hiperfoco, um estado de permanência por horas em um estímulo de interesse. Nessas condições, a criança e o adolescente são capazes de sustentar a atenção no jogo sem se distrair. Podem passar horas jogando sem ir ao banheiro, sem comer nem beber. Desligam-se dos estímulos externos e internos. Quando chamados, não respondem. Possivelmente nem ouvem. Não seria esse um estado de alienação?

Inúmeros pais observam que o foco dedicado aos *games* não se transpõe para outras atividades da criança, como na realização da lição de casa. Em geral, avaliam que o filho é preguiçoso, pois consegue "concentrar-se" por horas num jogo mas não faz o mesmo no momento da tarefa.

Para o psicólogo americano Daniel Goleman, (2013), embora o videogame possa fortalecer habilidades de atenção – como a rápida filtragem de distrações visuais –, não ajuda a manter o foco num conjunto de informações que evolui gradativamente, como ao ler um livro ou prestar atenção à aula.

Crianças e adolescentes que passam muitas horas jogando por vezes têm problemas de desempenho na escola. Isso poderia confirmar a ideia de que o tipo de concentração utilizado pelo cérebro nos *games* não é a mesma utilizada na aprendizagem escolar. Outro fator que relaciona o baixo desempenho escolar às inúmeras horas dedicadas aos jogos pode ser simplesmente o tempo roubado dos estudos.

Como os jogos eletrônicos diminuem as respostas aos estímulos externos e até mesmo às necessidades fisiológicas, o jogador perde a noção do tempo e pode precisar da ajuda do adulto para interromper a atividade.

De tempos em tempos, é preciso fazer intervalos, levantar-se, mover o corpo, mudar o foco, intercalar o *tablet* com outro tipo de atividade sem tela. Nas escolas, infelizmente, essas pausas não são valorizadas; a criança não é educada nesse sentido.

Entre os benefícios destacados nos estudos científicos sobre os videogames está o aumento da atividade cerebral. Aqui faço a distinção entre quantidade e qualidade. Como educador e terapeuta, procuro privilegiar os estímulos qualitativos: a criatividade, a capacidade de resolver problemas sem respostas programadas, o raciocínio lógico integrado às emoções, o desenvolvimento da intersubjetividade, entre outros. De que adianta um cérebro extremamente ativo que só sabe responder aos estímulos de uma máquina?

Na maioria dos jogos eletrônicos há um apelo emocional importante: matar, morrer, fugir, escapar, tudo decidido em fração de segundos. As ações se sucedem com rapidez e solicitam reações automáticas do jogador, sem passar por nenhum nível de reflexão consciente ou elaboração – diferentemente do que acontece no xadrez, no bilhar ou no jogo de cartas, nos quais é necessário um raciocínio elaborado para tomar decisões. Esses seriam jogos interessantes para equilibrar o excesso de atividade diante das telas.

É difícil compreender como tamanha atividade virtual prescinde do corpo em sua materialidade. Os personagens, vividos em primeira ou terceira pessoa, correm, saltam, escalam e fogem enquanto o corpo do jogador se mantém sentado, parado e muitas vezes tenso, dada a intensidade das competições. O mesmo vale para os jogos virtuais de esportes.

É bom lembrarmos que o corpo se desenvolve de acordo com sua utilização. Os pulmões dos jogadores de futebol, que correm vários quilômetros durante uma partida, se desenvolvem de forma diferente da dos que passam horas em frente a uma tela plana, controlando avatares e jogadores virtuais.

É fundamental que a atividade virtual não substitua a atividade física.

O MUNDO VIRTUAL E A VIOLÊNCIA

VIOLÊNCIA GERA VIOLÊNCIA, disso sabemos desde o início dos tempos. A violência produz emoções fortes, de grande intensidade, que podem provocar respostas de fuga, de paralisação ou de combate na mesma frequência da ação recebida ou observada.

Cenas violentas fazem parte do cotidiano de crianças e adolescentes. Imagens de guerras, assaltos, sequestros, mortes e catástrofes naturais chegam por todas as mídias, o tempo todo. Tais imagens invadem a nossa mente e ficam gravadas na memória, causando emoções intensas.

Nós, adultos, também somos afetados por essa quantidade enorme de informações perturbadoras, mas conseguimos nos proteger melhor que os pequenos. Acompanhamos o desenrolar das situações baseados em leituras, discussões, posicionamentos e ações políticas e sociais.

A criança pequena, porém, nem sempre consegue acompanhar o desenrolar das notícias: fica retida na imagem inicial dos fatos sem conhecer seu desfecho. Seu corpo dificilmente consegue dar vazão a essas emoções de maneira adequada.

Acredito que os maiores de 10 anos, pré-adolescentes e adolescentes tenham mais recursos de elaboração do que os pequenos. Podem ler a respeito, perguntar, discutir na escola e participar das conversas dos adultos. No entanto, isso não quer dizer que não se assustem nem se comovam e fiquem perturbados.

As crianças pequenas precisam ser protegidas. Não podem ser expostas a qualquer tipo de noticiário, de imagens e até de jogos violentos. Temos a impressão de que elas não estão ouvindo as notícias do rádio ou da televisão, mas de alguma forma elas sempre estão.

A internet oferece um volume incalculável de imagens violentas, muitas delas em tempo real. A pornografia também é uma forma de violência bastante comum na rede. Esses temas provocam grande curiosidade e atraem crianças e jovens, que frequentemente conseguem burlar os sistemas de proteção.

Em tese de doutorado denominada *O adolescente e a internet: laços e embaraços no mundo virtual* (2013), Claudia Dias Prioste apresenta dados recentes sobre o impacto do mundo virtual na formação de jovens brasileiros. Trata-se de um trabalho esclarecedor e profundo sobre o tema. As informações sobre as formas de violência no mundo virtual são assustadoras.

Prioste relata o caso de um jovem brasileiro que se suicidou, on-line, incentivado pelo grupo de amigos na rede. Sites dedicados à morte e ao suicídio eram facilmente acessados pelos adolescentes ao longo do estudo, que aconteceu entre 2009 e 2012.

O estudo relata que os adolescentes acessavam sites pornográficos de incentivo ao estupro, com imagens de zoofilia (sexo com animais) e de pedofilia; que nos chats de conversa, crianças e adolescentes entravam em contato com pessoas desconhecidas.

Muitos adultos incentivam os meninos a assistir a pornografia na rede, achando graça no interesse dos filhos e nessa iniciação precoce. Outros preferem que os filhos assistam a esse tipo de filme em casa, em vez de enfrentar riscos reais diante da experimentação da sexualidade.

A pergunta que deveríamos fazer é: que efeito podem ter essas imagens no desenvolvimento dos jovens? Se nós, como adultos, não fazemos essa reflexão, que argumento teremos para conversar com nossos filhos e alunos?

Proibir arbitrariamente não adianta: a criança pode acessar esses sites no vizinho, na casa dos primos etc. Deixar que ela controle sua curiosidade por si só também é inútil. Filtros e proteções só funcionam com a conversa.

É preciso explicar que aquelas imagens "bizarras" provocam a curiosidade e excitam, mas são inadequadas e não representam o sexo entre as pessoas que se gostam e estão envolvidas em uma relação; que essas imagens perturbam, confundem, podem causar nojo e incompreensão; que podem "grudar" na mente; e, por fim, que se trata dos desejos de outras pessoas.

Muitos pais perguntam-me se os *games* jogados pelos filhos podem torná-los violentos. Penso que, diante de tanta violência – real e virtual –, os jogos violentos são apenas peças de uma engrenagem muito maior.

Quando comento esse assunto com alunos e pacientes, eles se defendem, afirmando que os jogos não os tornam violentos. Com base nessa amostragem de crianças e adolescentes acompanhados por mim, com os quais converso frequentemente sobre o assunto, observo que, embora vários deles joguem por muitas horas, não são agressivos. Ao mesmo tempo, acompanho crianças extremamente agressivas que não se interessam por esse tipo de jogo. É preciso lembrar que esses jovens não estavam sozinhos, que havia entre nós um campo de comunicação e diálogo sobre o assunto.

Penso que a pergunta a fazer seja: por que se produz e se consome tanto conteúdo de violência na indústria dos *games*? Por que as crianças desejam tanto esses jogos?

É fato que esses produtos têm evoluído: muitos criam enredos históricos, culturais e mitológicos tendo como ingrediente outras emoções humanas, como a justiça e até a bondade. Porém, a violência está sempre presente em ações como matar e morrer, por vezes com detalhes sórdidos.

Acredito que a indústria dos jogos se utilize da violência para produzir emoções fortes e impulsionar os consumidores a querer mais e mais. Do ponto de vista das crianças e dos adolescentes, conquista-se um nível de "potência" num apertar de botões. Essa potência momentânea pode ser uma compensação para a condição real de impotência da criança e do adolescente. Segundo Prioste, quanto maior o sentimento de impotência, maior a vontade de assumir o controle de um avatar poderoso.

Ainda há muito que investigar a respeito; porém, o que vários estudos apontam de mais relevante é o fenômeno da dessensibilização em relação à violência: o sofrimento e a dor dos outros afetam cada vez menos os jovens.

Tal dessensibilização em relação à dor alheia pode gerar violência sem que o indivíduo que pratica atos violentos se reconheça numa ação agressiva: trata-se de uma espécie de banalização da destrutividade.

Como já mencionei, a maior parte dos jovens que acompanho nas escolas e no consultório não se tornou violenta em função desses jogos. É preciso lembrar que esses jovens não estavam sozinhos,que havia entre nós um campo de comunicação e diálogo sobre o assunto. Quase sempre as crianças violentas vivem em ambientes violentos, seja na família, na escola ou no grupo social ao qual pertencem. Elas reproduzem esse comportamento como forma de se defender.

Ao lado da violência, outro tema gera grande interesse em crianças e adolescentes: o universo das celebridades. Tornar-se celebridade é desejo de muitos. Tal desejo pode ser considerado uma reação ao medo de não ser ninguém, de não ser percebido nem valorizado. Nesse sentido, outra forma de se sentir potente é "postar", "curtir , ser "curtido" e fazer parte da vida dos outros, em especial de pessoas reconhecidas e famosas.

Além dos sites de celebridades, há na rede inúmeros mecanismos que possibilitam ao usuário acompanhar em tempo real a vida de outrem. Gasta-se muito tempo "vivendo a vida dos outros" e sobra pouco tempo para tratar da própria vida, enfrentar dificuldades, superá-las, reconhecer os próprios sentimentos, valorizar conquistas pessoais e cuidar das relações interpessoais.

Infelizmente, os adultos têm contribuído com o desejo dos jovens de se tornar celebridades. Registram com a câmera do celular todos os momentos importantes – e desimportantes – da vida dos filhos e, com frequência, postam essas imagens nas redes sociais.

Convidadas a sorrir o tempo todo, até as crianças muito pequenas já reagem diante do celular, fazendo pose. Porém, é preciso lembrar que, mesmo que elas sejam essencialmente alegres, há na vida momentos de tristeza, de mau humor, de raiva ou frustração nos quais não se tem vontade de rir. Melhor as crianças que se recusam a sorrir para as câmeras a qualquer momento. Melhor ainda os adultos que compreendem e respeitam tal recusa.

O psicanalista francês Serge Tisseron (2007) reflete sobre as consequências, para a criança, de ser fotografada o tempo todo pelos pais. Tisseron observa que o registro se interpõe ao momento vivido; que aquilo que está se passando no presente e deveria ser compartilhado olho no olho é perdido e consagrado numa imagem.

Para o autor, muitos adultos com dificuldade de contato e troca emocional escondem-se atrás das câmeras. Nesses casos, a criança pode sentir que os pais preferem lidar com ela "em fotografias" em vez de fazê-lo no mundo real. Daí a acreditar que aquilo que mais prazer daria aos pais seria ver o filho na TV é só um passo, diz o autor.

A "nova guerra do fogo" pode ser considerada uma grande revolução positiva na linguagem, no conhecimento e no pensamento humano, uma nova maneira de estar no mundo.

O universo virtual e tecnológico está presente em todos os campos do conhecimento humano de maneira acessível, desde que se saiba "navegar" esse mar profundo de horizontes vastos.

Um fenômeno interessantíssimo nas redes são os tutoriais. Há gente ensinando "como fazer" milhões de coisas, de aprender a tocar um instrumento a construir e criar de tudo um pouco – de telescópios a bicicletas, de hortas orgânicas a curtas-metragens, de bolos de chocolate a drones.

Esse universo de informações práticas compartilhadas oferece outro tipo de potência e autonomia para os jovens. Gosto da ideia do empreendedorismo, de ajudar crianças e adolescentes a buscar seus temas de interesse e construir concretamente seus sonhos e desejos. Isso pode se dar no aperfeiçoamento de um esporte, de uma habilidade artística, de um negócio comercial (com a participação do adulto), do planejamento de uma viagem, da construção de projetos das mais diversas ordens.

É a passagem do virtual para o concreto. No nível simbólico, deixa-se de ser "controlado" pelo mundo tecnológico para controlar a tecnologia. Navegar de fato o próprio barco e participar da democratização do acesso ao conhecimento: esse é o verdadeiro poder.

A participação do adulto pode ocorrer nas pesquisas de qualidade e na concretização das ideias para que estas possam se expandir além das telas. A visita a museus tecnológicos e a exposições de arte eletrônica soma-se às feiras de *games* de que os adolescentes gostam tanto.

Gostaria de deixar claro que, ao escrever esta parte do livro, de maneira nenhuma penso ter abarcado a complexidade do assunto. Com meus alunos e pacientes adolescentes, tenho feito o exercício de ler este texto – e outros que julgo interessantes – a fim de que cada um se identifique ou não com os aspectos discutidos. Vivemos numa sociedade que tende a massificar padrões de comportamento e eu, pela minha profissão, busco encontrar a individualidade até mesmo em comportamentos sociais.

A pergunta que gosto de fazer é: qual é o *seu* jeito de ser internauta? Partindo do texto e da pergunta, juntos construímos os limites saudáveis sobre a maneira de utilizar os recursos do mundo virtual. Aprendo muito com eles.

POSFÁCIO – A CORPORALIZAÇÃO DO SABER

ALICE PROENÇA[1]

> Aprender é apropriar-se da linguagem; é [...] recordar o passado para despertar-se ao futuro; é deixar-se surpreender pelo já conhecido. Aprender é reconhecer-se, admitir-se. Crer e criar. [...] (Fernández, 2008, p. 36)

PERCURSOS FORMATIVOS REFEREM-SE à postura do educador de elaborar e reconstruir constantemente ações, atitudes e valores voltados para o fortalecimento de sua identidade pessoal e profissional. Dar forma a uma postura docente difere de "enformar", enquadrar, reproduzir modos preestabelecidos por outrem. Formar é formar-se, constituir-se como sujeito autônomo e responsável pela própria trajetória, com consciência objetiva das intenções e opções feitas nas práticas cotidianas – que, por sua vez, decorrem das experiências de vida construídas individualmente e em grupo: na família, na escola, na cultura...

Ensinar e aprender são facetas indissociáveis na relação ensino-aprendizagem. O sujeito-educador ensina o que aprendeu e aprende enquanto ensina; objetiva que o aprendiz domine instrumentos que o capacitem a pensar para resolver problemas postos pela cultura e pela realidade a que ele pertence.

Assim, a formação é vista como um processo contínuo de atribuição de sentidos e significados ao mundo que rodeia crianças, adolescentes, equipe escolar e sociedade. Se educar é significar por si e para si o que o grupo e a cultura construíram com base em experiências anteriores, é fundamental que o sujeito-educador desenvolva uma postura de conhecimento e conscientização dos próprios fazeres, saberes, valores, crenças,

1 Doutora em Educação e Currículo pela Pontifícia Universidade Católica de São Paulo (PUC- SP); mestre em Didática e Metodologia de Ensino pela Universidade de São Paulo (USP); assessora pedagógica e formadora de professores nas redes pública e privada.

emoções e sentimentos para, com base neles, ressignificar informações e ideias com os quais se identifique.

Ao transformar vivências em experiências, o sujeito-educador delas se apropria e amplia seu repertório de atuação, construindo propostas para intervenções, encaminhamentos e devolutivas cada vez mais adequados aos interesses e necessidades de seu grupo de trabalho. Diz Bondía (2002, p. 21) que "a experiência é o que nos passa, o que nos acontece, nos toca"; portanto, a possibilidade de atribuir sentido a uma ação decorre de vivências e experiências significativas pelas quais o sujeito-educador tenha passado.

Estar em formação pessoal e profissional significa, portanto, transitar entre o autoconhecimento e o conhecimento do(s) outro(s) e dos objetos culturais tendo o próprio corpo, o grupo e a cultura como instrumentos de mediação e fonte de informação. As boas perguntas, verbais e corporais, feitas no grupo podem consolidar certezas, bem como promover rupturas e mudanças na postura do educador-aprendiz.

Quanto mais abrangente e significativo for o repertório de atuação do educador, mais lhe será possível oferecer instrumentos para seus grupos "lerem" o mundo, como nas palavras de Paulo Freire; para apropriar-se de informações que fortaleçam suas formas de agir.

Nessa tentativa de compreender o mundo, crianças e adolescentes expressam-se e comunicam-se por meio de múltiplas linguagens – corpo/movimento, literatura, artes visuais e cênicas, música e brincadeiras simbólicas, entre outras –, que requerem um olhar atento, aberto, sensível e disponível do adulto para que a interação seja profícua.

Cabe à escola, como espaço de encontro entre sujeitos e com a cultura, proporcionar vivências em diferentes linguagens expressivas – sobretudo para que o corpo de crianças e adolescentes possa se movimentar, brincar e agir de forma que atenda às necessidades de cada faixa etária. É preciso repensar o uso do espaço, do tempo e das rotinas escolares para oferecer aos alunos modalidades diversas de brincadeiras corporais e simbólicas, relacionando-as às artes, à literatura e à música, uma vez que a aprendizagem se processa como um movimento único e inseparável, mediada pelo corpo do sujeito aprendiz.

Hoje, tanto educadores quanto educandos estão inseridos em um contexto de estimulação externa excessiva, que provoca total desatenção às necessidades do próprio corpo, aos sentimentos, desejos, percepções e limites, além de prejudicar as relações interpessoais. A pesquisa desenvolvida por André Trindade ao longo de sua trajetória destaca a importância da criação de vínculos entre o corpo e o movimento, aliados à atribuição de sentido aos gestos, o que potencializaria a capacidade de expressão do ser humano e a clareza das intenções comunicadas. Segundo Lowen e Wallon, referências nas pesquisas de André, o corpo fala, exprime e canaliza emoções – desde que o educador, a escola e a cultura lhe ofereçam uma postura favorável à concentração e instrumentos para se expressar. As brincadeiras simbólicas, a arte, a literatura e a música, mediadas pelo corpo que se move em tempos e espaços, que comunica o que não é dito por palavras, são linguagens diferenciadas que crianças e adolescentes usam para internalizar o mundo a que pertencem e exteriorizar suas percepções do real. Além disso, viabilizam o contato com as emoções pessoais e do(s) outro(s) com quem se convive.

A seguir, relatarei percursos formativos desenvolvidos por André Trindade em escolas de São Paulo nas quais fui coordenadora pedagógica.

Por acreditar que a aprendizagem com sentido e possibilidade de mudança na postura dos educadores fundamenta-se em vivências coletivas, troca de experiências, registros compartilhados e parceiras entre o formador André Trindade, coordenadores e assessores, o projeto de formação corporal de crianças e educadores foi planejado em diferentes direções, agregando olhares diversificados sobre o tema e contemplando várias dimensões. Os objetivos da proposta eram os seguintes: fortalecer a autoestima dos educadores e seu autoconhecimento; aumentar sua autonomia por meio da ampliação de repertório para a construção de intervenções adequadas no dia a dia; estreitar o vínculo, a solidariedade e a cooperação entre os participantes; promover a percepção e a conscientização da necessidade de espaço para o corpo se movimentar na escola; estreitar as relações entre o trabalho corporal e a construção do conhecimento.

O projeto foi planejado em várias vertentes, a fim de criar uma cultura comum entre adultos e crianças, incluindo suas famílias. O trabalho foi desenvolvido em encontros semanais alternados de André com as crianças, com os educadores e com a coordenação, sendo todos eles registrados por mim para depois ser transformados em planejamento para as professoras. Além disso, a proposta deveria acontecer no cotidiano escolar, sob a orientação dos educadores. As possibilidades de intervenção com as crianças foram descritas ao longo deste livro; portanto, abordarei o trabalho realizado com a equipe pedagógica.

Partindo da premissa de que só temos condições de fazer com o(s) outro(s) aquilo que o nosso corpo é capaz de fazer, o projeto começou com aulas teóricas sobre cadeias musculares, além de inúmeras vivências para desenvolver movimentos de extroversão e introversão, essenciais à aprendizagem corporal. A cada reunião, eu registrava por escrito o que havia sido feito e discutido e enviava por e-mail a todos os educadores, que tinham o desafio de transformar o vivido em intervenções relacionadas aos projetos que exploravam com seus grupos, registrando os resultados com textos, comentários, fotos, filmagens etc. Algumas reuniões foram filmadas para análise posterior. Ao final delas, abriam-se rodas de conversa para que cada educador pudesse expor os sentimentos despertados com as vivências, respeitando o ritmo e o jeito de ser de cada educador e acolhendo as diferenças individuais da mesma forma que eles deveriam fazer com seus grupos.

A cadeia formativa, paralelamente, era ampliada com conversas semanais dos educadores com a coordenação, não só para avaliar o trabalho em sala de aula como para construir a sua continuidade. Novos desafios eram propostos, em especial o de estabelecer conexões entre as múltiplas linguagens expressivas, nutrindo um olhar interdisciplinar e inclusivo. Arte, música e histórias foram pesquisadas para alimentar os projetos, o que fortaleceu o grupo como um todo.

As reuniões pedagógicas transformaram-se, aos poucos, em espaço de trocas efetivas, pois pesquisas individuais e coletivas ampliaram o repertório de atuação dos educadores e fortaleceram a cumplicidade e a cooperação entre eles. Histórias para ser contadas, lidas, dramatizadas, músicas e CDs adequados à temática e imagens significativas foram indicados para enriquecer os projetos interdisciplinares focados no trabalho corporal, enriquecendo as intervenções dos educadores e a cultura de grupo.

Com o objetivo de incluir as famílias no projeto, algumas reuniões de pais ao longo do ano começaram – ou terminaram – com cirandas, relaxamentos e massagens, que as crianças faziam nos pais ou cuidadores presentes, o que estreitou as relações entre escola e famílias com muito prazer. As crianças construíram instrumentos como garrafinhas para massagem, plantaram rosas para organizar o centro da ciranda e participaram da escolha das músicas que seriam usadas, envolvendo-se nas rodas de conversa para planejamento das reuniões. Tais rodas com as crianças são fundamentais para recuperar o trabalho realizado, bem como para promover a consciência a respeito de preferências e incômodos, a socialização e a consolidação de propostas desenvolvidas com os alunos.

Essa vertente do projeto corporal realizado com a família mostra-se um caminho eficaz para dar visibilidade ao trabalho realizado e apresentar novas possibilidades de atuação com as crianças.

Gradativamente, o trabalho corporal tornou-se fundamental no cotidiano da escola, sobretudo na educação infantil. Como as emoções expressam-se pelo corpo e o sujeito deve ser considerado na sua totalidade (corpo, mente, afeto, cognição, percepção, sentimentos), a linguagem corporal é um canal de destaque na liberação das emoções de forma saudável, favorecendo a aprendizagem significativa de educadores e educandos. Quanto maior for a autoconfiança e a consciência da potência do indivíduo, maior será sua capacidade de movimentar-se com adequação, de perceber e explorar o espaço que ocupa, de expressar-se intencionalmente por meio de uma postura corporal e de gestos significativos – e, em consequência, de apreender o mundo e os conhecimentos.

A possibilidade de se expressar por meio do corpo é o fundamento da construção da identidade da criança, que precisa perceber, experimentar, sentir, tocar, ouvir, usar e verbalizar essas percepções sensoriais. Conhecer o mundo a que pertence é reconhecer-se inserido em um contexto, numa cultura familiar, atribuindo sentido a gestos, movimentos, palavras, linguagens. É, portanto, assumir a própria identidade na qualidade de sujeito-autor da história e fazer escolhas conscientes para agir em sociedade.

O processo de formação dos educadores resultou na mudança do olhar sobre o corpo de crianças e adolescentes, apurando a sensibilidade da observação do que esse corpo queria comunicar para fazer ajustes nas propostas do planejamento cotidiano. Além disso, a construção do vocabulário específico da linguagem corporal ampliou conhecimentos teóricos e ações no dia a dia. O trabalho corporal também promoveu o fortalecimento da equipe pedagógica, por meio do estreitamento de vínculos afetivos, da colaboração entre seus integrantes e da parceria com as famílias.

Em especial, o trabalho corporal fortaleceu-se como opção saudável e eficiente não só para lidar com emoções e conflitos característicos da vida em grupo, mas para construir aprendizagens significativas para educadores e educandos, objetivo fundamental da escola. A equipe pedagógica, aos poucos, foi se apropriando da proposta e construindo situações cada mais qualificadas, prazerosas e desafiadoras para interações, manifestações de curiosidade, escuta e acolhimento do grupo, oferecendo parâmetros e limites para a contenção e a ampliação de olhares, valorizando hipóteses, vivências e comentários, potencializando experiências significativas.

Nos espaços educativos circulam saberes, valores, hábitos e formas de agir, além de diferentes representações e interpretações da realidade que, quanto mais conscientes, planejados, registrados e debatidos, mais possibilitam a aprendizagem significativa. A troca de práticas cotidianas; o compartilhamento de saberes; o diálogo sobre conquistas, conflitos, desejos e curiosidades; a recuperação da capacidade de espantar-se e de abrir-se para o novo; a flexibilidade para planejar; e a sensibilidade do olhar são marcas essenciais da postura do educador corporal. A qualificação da ação dos educadores potencializa interações cada vez mais presentes no dia a dia das escolas, deixando marcas pessoais que promovem a aprendizagem significativa.

REFERÊNCIAS

Bondía, J. L. "Notas sobre a experiência e o saber de experiência". *Revista Brasileira de Educação*, n. 19, jan.-mar. 2002, p. 20-28. Disponível em: <http://www.scielo.br/pdf/rbedu/n19/n19a02.pdf>. Acesso em: 10 ago. 2016.

Fernández, A. *O saber em jogo – A psicopedagogia propiciando autorias de pensamento*. Porto Alegre: Artmed, 2008.

Freire, P. *Pedagogia da autonomia – Saberes necessários à prática educativa*. São Paulo: Cortez, 1996.

MINHA HISTÓRIA COM O MOVIMENTO

MINHA ESCOLHA PROFISSIONAL se deu cedo. Ainda durante o ensino médio, participei de um grupo de psicodrama e daí surgiu meu interesse pela psicologia. A dança veio logo a seguir e o interesse pelo movimento foi revolucionário!

Em 1980, comecei a frequentar aulas de danças folclóricas na escola de Ivaldo Bertazzo. De aluno de dança, dois anos depois, tornei-me professor. Entendi que meu caminho profissional seria entre o corpo, o movimento e a psicologia.

No momento de escolher a faculdade, hesitei entre cursar Psicologia ou Fisioterapia. Optei por Psicologia na Pontifícia Universidade Católica de São Paulo (PUC-SP). Simultaneamente iniciei minha formação no Centro de Cadeias Musculares e Articulares GDS, na Bélgica, que durou quatro anos. Tive a oportunidade de estudar com Godelieve Denys-Struyf, criadora do método.

Além da graduação em Psicologia e da formação em Cadeias GDS, participei de vários outros cursos de massagem e de técnicas e ginásticas corporais: ginástica holística, massagem reflexa no tecido conjuntivo, drenagem linfática, osteopatia craniana, fisioterapia articular analítica e microfisioterapia. Também vivi experiências como aluno e paciente de eutonia e da técnica de Alexander.

Em 1988, conheci Marie-Madeleine Béziers, fisioterapeuta francesa criadora do método da Coordenação Motora – com quem estudei até seu falecimento, em 2003.

Foi depois de conhecer Béziers que aprofundei o estudo sobre a motricidade do bebê. Essa pesquisa resultou em meu primeiro livro, *Gestos de cuidado, gestos de amor*. Com ela também aprendi muito sobre a escoliose idiopática do adolescente, tema que tange tanto a fisioterapia como a psicomotricidade.

A prática da dança me acompanhou ao longo de todos esses anos. O "corpo expressivo", como apresento ao longo do livro, sempre esteve ao lado do "corpo técnico" e do conhecimento da biomecânica muscular e articular.

Viajei por países como Índia, Indonésia, Turquia, Marrocos, Espanha e Grécia, entre outros, estudando dança, sempre em busca do "movimento harmonioso". Estudei as danças clássicas e as populares, em especial as circulares. Conheci as danças brasileiras: a ciranda, o frevo, o coco, o maculelê, o samba.

Em 1992 criei, em parceria com Betty Gervitz, o "Estúdio A&B", no qual realizamos inúmeros projetos artísticos e educacionais que impulsionaram as danças circulares e as danças étnicas na cidade de São Paulo.

Ao longo de minha experiência clínica com atendimentos individuais em consultório, o corpo sempre ocupou espaço importante na avaliação e no tratamento de meus pacientes.

Em 1997 fui convidado, por uma escola particular da cidade de São Paulo, a desenvolver um trabalho de educação corporal com crianças de 2 a 7 anos. Naquela época, a escola já enfrentava desafios importantes, que só se agravaram ao longo das últimas décadas: a desorganização postural das crianças, o aumento da agressividade entre elas e a diminuição da capacidade de concentração e atenção.

No consultório essas mesmas questões se apresentavam no contexto individual, muitas vezes em casos graves.

A orientação dos pais já fazia parte do meu trabalho, mas com esse novo projeto eu alcançaria um número maior de crianças e famílias. Sobretudo, poderia falar com os professores.

Logo no início do projeto na escola, percebi que seria preciso envolver os professores e oferecer-lhes ferramentas que fizessem sentido em sua prática diária. Era necessário torná-los agentes criativos do processo; caso contrário, as "aulas de educação corporal", como eram chamadas nossas atividades, representariam mais uma obrigação em sua rotina atribulada. Além disso, foi preciso traduzir o conhecimento técnico em linguagem acessível para esses profissionais.

Ao longo dos anos, fui estabelecendo uma metodologia sobre o tema da educação postural da criança e do adolescente inserido na escola. A formação dos professores de sala de aula foi fundamental para a aplicação dessa metodologia.

Nesses 20 anos, passei por muitas escolas e pude estender o projeto da educação infantil para os ensinos fundamental e médio, com resultados excelentes.

Tive a oportunidade de trocar experiências com professores, pais e profissionais da área da saúde em São Paulo, em Minas Gerais, no Espírito Santo, no Rio de Janeiro, na Bahia e na Bélgica.

Dei aulas para milhares de crianças e adolescentes. Aprendi muito com a experiência coletiva. Somaram-se a isso a experiência do consultório, o "olhar" e a "escuta" sobre a subjetividade do movimento.

Este livro é uma síntese desse processo.

REFERÊNCIAS

American Academy of Pediatrics. Committee on Public Education. "Children, adolescents, and television". *Pediatrics*, v. 107, n. 2, fev. 2001, p. 423-26.

Bergmiller, K. H.; Souza, L. P.; Brandão, M. B. A. Ensino *fundamental: mobiliário escolar.* Brasília: Fundescola/MEC, 1999 (Série Cadernos Técnicos I, n. 3). Disponível em: <http://www.dominiopublico.gov.br/download/texto/me000574.pdf>. Acesso em: 5 ago. 2016.

Bizzocchi, A. "A distância entre ser e estar". *Língua Portuguesa*, ano 3, n. 37, São Paulo, nov. 2008, p. 48-49.

Bosi, A. *O ser e o tempo da poesia*. São Paulo: Companhia das Letras, 2000.

Castro, E. V. de. *A inconstância da alma selvagem*. São Paulo: Cosac Naify, 2002.

De Nisa, G. "Tratado da criação do homem". In: Leroi-Gourhan, A. *O gesto e a palavra*. v. 1. São Paulo: Martins Fontes, 1983.

Denys-Struyf, G. *La structuration psychocorporelle de l'enfant*. Bélgica: Institut dês Chaînes Musculaires et des Techniques GDS, 2010.

Diegues, C. "Livro é uma lição de vertigem e pudor". *Folha de S.Paulo*, "Ilustrada", São Paulo, 19 nov. 2005.

Goleman, D. *Foco*. Rio de Janeiro: Objetiva, 2013.

Negreiros, A. *A invenção do dia claro*. Lisboa: Assírio & Alvim, 1921.

Piret, S. *Du programme inné du corps à la structuration psychomotrice de la personnalité: essai pour une théorie de la psychomotricité*. Paris: Icoor, 1975.

Piret, S.; Béziers, M.-M. *A coordenação motora – Aspecto mecânico da organização psicomotora do homem*. São Paulo: Summus, 1992.

Rosny Aînê, J.-H. *A guerra do fogo*. São Paulo: Bamboo, 2014.

Sacks, O. *Um antropólogo em Marte*. São Paulo: Companhia das Letras, 2006.

Sambo, C. *et al.* "Knowing you care: effects of perceived empathy and attachment style on pain perception". *Pain*, v. 151, n. 3, 2010, p. 687-93.

SERRES, M. *Os cinco sentidos – Filosofia dos corpos misturados*. Rio de Janeiro: Bertrand Brasil, 2001.

SONTAG, S. *Diante da dor dos outros*. São Paulo: Companhia das Letras, 2003.

STEDMAN, T. L. *Stedman's medical dictionary*. 25. ed. Nova York: Macmillan, 1990.

TISSERON, S. *Manual para pais cujos filhos veem demasiada televisão*. Lisboa: Edições 70, 2007.

TRINDADE, A. *Gestos de cuidado, gestos de amor – Orientações sobre o desenvolvimento do bebê*. São Paulo: Summus, 2008.

LEITURA COMPLEMENTAR

AGUIAR, L. *Gestalt-terapia com crianças – Teoria e prática*. São Paulo: Summus, 2014.

ALMEIDA, F. S. C.; LEGNANI, V. N. "A construção diagnóstica de Transtorno de Déficit de Atenção/Hiperatividade: uma discussão crítica". *Arquivos Brasileiros de Psicologia*, v. 60, n. 1, Rio de Janeiro, abr. 2008.

ANZIEU, D. *O eu pele*. São Paulo: Casa do Psicólogo, 2000.

ARAÚJO, G. B. *Limites na educação infantil: as representações sociais de pais e professores*. Tese (mestrado em Psicologia), Universidade Federal do Rio Grande do Sul, Porto Alegre (RS), 2007.

BACHELARD, G. *A poética do espaço*. São Paulo: Martins Fontes, 2008.

BARBOSA, A. J. G. *et al.* "Agressividade na infância e contextos de desenvolvimento: família e escola". *Psico*, v. 42, n. 2, abr.-jun. 2011, p. 228-35.

BÉZIERS, M.-M.; HUNSINGER, Y. *O bebê e a coordenação motora: os gestos apropriados para lidar com a criança*. São Paulo: Summus; 1994.

BIENFAT, M. *Fáscias e pompages: estudo e tratamento do esqueleto fibroso*. São Paulo: Summus, 1995.

BLAKEMORE, S. J; FRITH, U. *O cérebro que aprende: lições para a educação*. Lisboa: Gradiva, 2005.

CHIARADIA, L. *Faz de conta na educação infantil: prevenção de dificuldades e promoção de aprendizagens*. Trabalho de Conclusão de Curso (licenciatura em Pedagogia), Universidade Federal do Rio Grande do Sul, Porto Alegre, 2010. Disponível em: <http://www.lume.ufrgs.br/bitstream/handle/10183/25206/000751695.pdf>. Acesso em: 18 ago. 2016

Faria, M. A. *Lateralidade: implicações no desenvolvimento Infantil*. 2. ed. Rio de Janeiro: Sprint, 2004.

Funayama, C. A. R. "Exame neurológico em crianças". *Medicina*, v. 29, Ribeirão Preto, jan.-mar. 1996, p. 32-43.

Gadia, C. A.; Tuchman, R.; Rotta, N. T. "Autismo e doenças invasivas de desenvolvimento". *Jornal de Pediatria*, n. 2 (suplemento 0), Rio de Janeiro, abr. 2004.

Graeff, R. L.; Vaz, C. E. "Avaliação e diagnóstico do transtorno de déficit de atenção e hiperatividade (TDAH)". *Psicologia USP*, v. 19, n. 3, São Paulo, jul.-set. 2008.

Gomide, P. I. C. "A influência de filmes violentos em comportamento agressivo de crianças e adolescentes". *Psicologia: Reflexão e Crítica*, v. 13, n. 1, Porto Alegre, 2000.

Gourhan, A. L. *O gesto e a palavra. Técnica e linguagem. Perspectivas do homem*. Lisboa: Edições 70, 1964.

Haertel, M.; Machado, A. *Neuroanatomia funcional*. 3. ed. São Paulo: Atheneu, 2014.

Heckmann, H. *Jardim de infância – Estruturando o ritmo diário segundo as necessidades da criança pequena*. São Paulo: Federação das Escolas Waldorf no Brasil/Aliança pela Infância, 2008.

Kabarite, A., Mattos, V. *Psicomotricidade em grupo: o método growing up como recurso de intervenção terapêutica*. São Paulo: WAK, 2014.

Lazzoli J. K. *et al*. "Atividade física e saúde na infância e adolescência". *Revista Brasileira de Medicina do Esporte*, v. 4, n. 4, Niterói, jul.-ago. 1998.

Lent, R. (org.). *Neurociência do comportamento*. Rio de Janeiro: Guanabara Koogan, 2008.

Lima, D. F.; Santolin, C. B. "As dimensões do mobiliário disponível aos escolares e as especificações da norma brasileira 14006". *Varia Scientia*. v. 10 , n. 17, Cascavel, 2010.

Lima, F. R. "Compreendendo os mecanismos atencionais". *Ciências & Cognição*, v. 6, Campinas, 2005.

Lipp, M. (org.). *Mecanismos neuropsicológicos do stress: teoria e aplicações clínicas*. São Paulo: Casa do Psicólogo, 2003.

Machado, M. M. *Merleau-Ponty & a educação*. Belo Horizonte: Autêntica, 2010.

Melo, F. "Controlo postural: controlo reflexo versus controlo dinâmico". *Revista Brasileira de Educação Física e Esporte*, v. 20, São Paulo, set. 2006 (suplemento 5), p. 107-109.

Minayo, M. C. S.; Njaine, K. "A violência na mídia como tema da área da saúde pública: revisão da literatura". *Ciência & Saúde Coletiva*, v. 9, n. 1, Rio de Janeiro, 2004.

Montagu, A. *Tocar – O significado humano da pele*. São Paulo: Summus, 1988.

Moro, A. R. P. "Ergonomia da sala de aula: constrangimentos posturais impostos pelo mobiliário escolar". *Lecturas: Educación física y deportes*, n. 85, 2005.

Netter, H. F. *Atlas de anatomia humana*. 5. ed. Rio de Janeiro: Elsivier, 2011.

Prioste, C. D. *O adolescente e a internet: laços e embaraços no mundo virtual*. Tese (doutorado em Educação), Universidade de São Paulo, São Paulo (SP), 2013.

Puccini R. F.; Bresolin, A.M. B. "Dores recorrentes na infância e adolescência". *Jornal de Pediatria*, v. 79 (suplemento 1), Rio de Janeiro, maio-jun. 2003.

Queiroz, N. L.; Maciel, D. A.; Branco, A. U. "Brincadeira e desenvolvimento infantil: um olhar sociocultural construtivista". *Paideia*, v. 16, n. 34, Ribeirão Preto, 2006, p. 169-79.

Ribeiro, C.; Liggieri, V. *De olho na postura – Orientações posturais para atividades do dia a dia*. São Paulo: Summus, 2010.

Rosa Neto, F. *Manual de avaliação motora*. Porto Alegre: Artmed, 2002.

Rosenberg, D. *Atenção para tarefas simples e complexas nas perspectivas de primeira e terceira pessoa: um experimento fenomenológico*. Tese (mestrado em Psicologia), Universidade Federal do Rio Grande do Sul, Porto Alegre (RS), 2008.

Setzer, V. W. “Efeitos negativos dos meios eletrônicos em crianças, adolescentes e adultos”. Departamento de Ciência da Computação, Instituto de Matemática e Estatística da Universidade de São Paulo. Versão 27 maio 2014. Disponível em: <http://www.ime.usp.br/~vwsetzer/efeitos-negativos-meios.html>. Acesso em: 28 ago. 2016.

Sato, T. “Habituação e sensibilização comportamental”. *Psicologia USP*, v. 6, n. 1, São Paulo, 1995, p. 231-76.

Souza, S. G.; Gonçalves, D. F.; Pastre, C. M. “Propriocepção cervical e equilíbrio: uma revisão”. *Fisioterapia em Movimento*, v. 19, n. 4, Curitiba, out.-dez. 2006, p. 33-40.

Stella, F. “Distúrbio de Atenção: aspectos neuropsicológicos”. *Educação: teoria e prática*, v. 5, n. 8, jan.-jun. e jul.-dez. 1997.

Souza, M. N. “Sua Majestade: a criança contemporânea e o desafio dos limites”. *Contemporânea – Psicanálise e Transdisciplinaridade*, n. 8, Porto Alegre, jul.-dez. 2009. Disponível em: <http://www.revistacontemporanea.org.br/site/wp-content/artigos/artigo224.pdf>. Acesso em: 16 ago. 2016.

Venancio, S.; Almeida, H. “Método Mãe Canguru: aplicação no Brasil, evidências científicas e impacto sobre o aleitamento materno”. *Jornal de Pediatria*, n. 80, Rio de Janeiro, 2004 (suplemento 5), p. 173-80. Disponível em: <http://www.scielo.br/pdf/jped/v80n5s0/v80n5s0a09>. Acesso em: 16 ago. 2016.

Agradeço aos meus primeiros leitores e interlocutores: Adriana Friedmann, Alice Proença, Beto Straub, Betty Gervitz, Eda Canepa, Edu Mancebo, Fernando Teixeira Mendes, Laura Tabacof, Maria Emília Mendonça, Maria Luiza Nazarian (Quinha), Nichan Dichtchekenian, Roberto Gambini e Tina Carvalho.

A Ana Diva Borges pela assistência e colaboração.

A Christina Ribeiro, pelo suporte, presença e dedicação ao longo do processo de construção do livro, assim como por sua eficiência na pesquisa científica.

A Silvia Rosenbaum, pela poesia, pelas palavras e pelas inúmeras leituras e reflexões.

A Hedva Megged, minha única mestra de pintura.

A todas as crianças e jovens que participaram das sessões de fotos.

A Maurício Agrela.

A Soraia Bini Cury, "pelo Norte, Sul, Leste e Oeste", pela dedicação e persistência.

À Escola Carlitos e à Escola da Vila, que abriram suas portas para que pudéssemos registrar em fotos as situações de sala de aula.

Ao Espaço Brincar.

À Escola Lourenço Castanho, pelo convite inicial feito em 1997.

www.gruposummus.com.br